CH. JARRIN

LA PROVINCE AU XVIIIe SIÈCLE

MANDRIN

Les aides — Les contrebandiers au XVIIIe siècle — Les quatre campagnes de 1754 — Mandrin à Bourg — Mandrin en Bourgogne, Gunan — Déroute de Mandrin, La Sauvetat — Prise, jugement, exécution de Mandrin — Pourquoi ces faits ont été possibles.

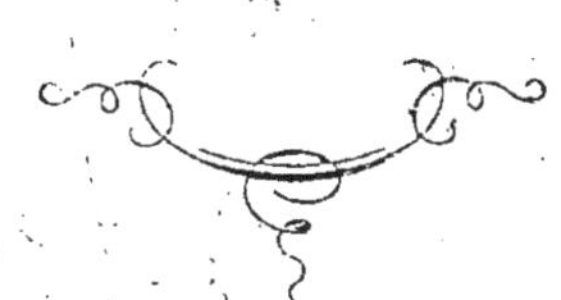

BOURG
L. GRANDIN, LIBRAIRE-ÉDITEUR
5, RUE DES HALLES, 5

1875

LA PROVINCE AU XVIIIe SIÈCLE

MANDRIN

CH. JARRIN

LA PROVINCE AU XVIIIe SIÈCLE

MANDRIN

Les aides — Les contrebandiers au XVIIIe siècle — Les quatre campagnes de 1754 — Mandrin à Bourg — Mandrin en Bourgogne, Gunan — Déroute de Mandrin, La Sauvetat — Prise, jugement, exécution de Mandrin — Pourquoi ces faits ont été possibles.

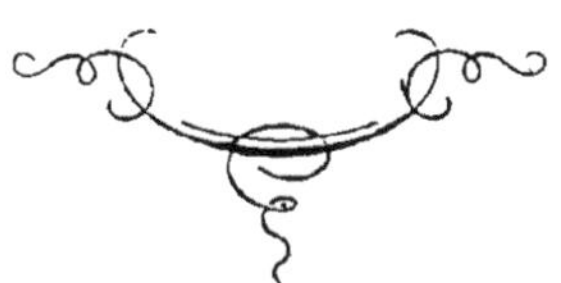

BOURG
L. GRANDIN, LIBRAIRE-ÉDITEUR
5, RUE DES HALLES, 5

1875

LA PROVINCE AU XVIIIe SIÈCLE.

MANDRIN.

§ I. — LES AIDES.

Il y avait dans la vieille France quelque chose de plus détesté que la dîme et que la corvée. C'étaient les impôts de consommation, les *Aides* dont nos Droits-Réunis sont la descendance directe et une image revue, corrigée et ramenée à des proportions moins sauvages.

Pour comprendre un peu

Leur incommensurable impopularité,

il suffit de regarder comment la plus ancienne et la plus odieuse des Aides, la gabelle, était assise et répartie.

L'impôt du sel fut inventé à ce qu'on dit, ou réinventé, par le fils de saint Louis, Philippe-le-Bel (1286). Mais Philippe de Valois poussa cette institution à la perfection. Son ordonnance du 20 mars 1343 créa le monopole royal, établit huit commissaires chargés de régir les greniers, et de juger *sans appel* tous procès, contraventions relatifs à la perception. Le mode de celle-ci est neuf: chaque famille *doit* prendre une certaine qualité de sel à un prix fixé par le Seigneur roi, sans pouvoir revendre ce qui excéderait sa consommation.

Cet étrange impôt était à l'origine le même pour tous. Il devint avec le temps d'une monstrueuse inégalité. Il y avait, aux deux derniers siècles, les pays de *grande* gabelle, où l'habitant de tout âge et sexe redevait au royal vendeur le prix de 9 livres de sel à 62 livres le quintal. — Dans les pays de *petite* gabelle, dont la Bresse était, nous devions 11 livres 3/4 par tête, à 33 livres dix sous le quintal. — Aux pays *rédimés*, le Roi ne vendait le sel que 21 livres. — Aux pays *francs* le prix variait de 40 sous à 9 livres. — Paris était de *grande* gabelle; mais là les gens ayant le *franc-salé* étaient nombreux. Avoir le *franc-salé*, c'était avoir le sel gratis. Toutes personnes ayant droit aux *exemptions de finances* l'avaient, dont quelques roturiers. Les familles de Jeanne-d'Arc et de Jeanne Hachette ne furent pas récompensées autrement.

Ce que la gabelle avait fait à la longue des contribuables, on va le chercher souvent dans un pamphlet du XVIe siècle : *La vie et faits notables de Henri de Valois.* (Paris, 1559.) « Les impositions qu'on met sur le sel sont tant grandes que c'est horreur de le dire... on contraint une vefve, sans pain pour ses enfants, à prendre du sel qui vaut plus qu'elle ne peut gaigner en toute une année, » etc.

Il y a mieux; il y a les remontrances de la Cour des Aides, du 6 mai 1775. Cette cour souveraine date de 1355; les Etats-Généraux firent de sa création une condition du vote de la gabelle. Elle jugeait en dernier ressort tous procès criminels ou civils en matière d'impôt. En 1775, Lamoignon de Malesherbes la présidait. C'est lui qui nous montre « les commis de la Ferme assemblant les paysans pour submerger le sel que la mer a déposé sur le rivage... » la contrebande florissante; « il y a, dit-il, des provinces où les enfants y sont élevés, n'ayant pas d'autre industrie et ne connaissant pas d'autre moyen de subsister. » Cela avec les galères ou le gibet en perspective. « La Ferme achète la dénonciation du mari à sa femme, celle du père au fils. Elle a obtenu qu'en matière de fraude l'accusation équivale à la condamnation, le procès-verbal du commis fait foi. Et Dieu sait quelle foi méritent les commis intéressés à trouver des coupables... Puis la tyrannie de la Ferme repose sur un chaos de règlements où les financiers se retrouvent seuls. Le contribuable ne sait jamais ce qu'il doit payer... L'homme du peuple est obligé de souffrir les caprices, les hauteurs, les insultes des suppôts de la Ferme... »

Au XVIIe siècle, il y avait, par an, 4,500 saisies à domicile, 10,000 saisies sur les routes, 300 condamnations aux galères pour la seule contrebande du sel. (En 1869, les contraventions en matière de douane, octrois, étaient 2,478. En 1872 elles étaient 5,499. Le Garde des sceaux attribue cet accroissement à l'augmentation des droits. (*Journal officiel*, n° du 14 septembre 1874.)

*
* *

En regardant d'un peu près aux sources de notre histoire, on verrait que chaque époque a protesté à sa manière contre des impôts assis et répartis de cette façon inique, démoralisatrice et vraiment exécrable. Relatons sommairement le soulèvement de la Saintonge, sous François Ier (1542). Les habitants de la côte chassent les *gabeleurs* et battent l'arrière-ban des nobles de Poitou, chargé de les réduire. La révolte finit par la confiscation des Marais-Salants, c'est-à-dire des biens des révoltés.

Autre soulèvement plus formidable sous Henri II (1548). Seize mille paysans, conduits par un gentilhomme nommé Puymoreau, prennent Saintes, Cognac, massacrent le Receveur, pillent les maisons des gens de justice et de finances, délivrent les faux-saulniers (contrebandiers) et autres prisonniers, brûlent des châteaux où on a donné asile aux gabeleurs....

Puis Blaye, Bourg-sur-Mer, Libourne, Bordeaux s'insurgent. A Bordeaux on égorge le Lieutenant-général; on torture, on massacre les commis. Le Parlement rétablit l'ordre. Mais les lansquenets du Roi, menés par le connétable de Montmorency, arrivent, entrent par la brèche dans la ville, brûlent ses chartes municipales, démolissent son hôtel de ville, enlèvent ses cloches, pendent, décapitent, rouent, empalent, écartèlent, brûlent cent quarante personnes sans forme de procès. Puymoreau fut décapité ; un bourgeois fut couronné d'une couronne de fer rouge, puis roué (Paradin, Vieilleville, de Thou).

C'est au milieu de cette effroyable répression, en face des échafauds, qu'Etienne de la Boëtie écrivit le *Contr'un, discours de la servitude volontaire* : « Comment se peut-il que tant de nations endurent un tyran qui n'a de puissance que celle qu'on lui donne?... Vous semez vos fruits afin qu'il en fasse le dégât. Vous remplissez vos maisons pour fournir à ses voleries. Vous nourrissez vos filles afin qu'il ait de quoi saoûler sa luxure. Vous nourrissez vos fils afin qu'il les mène à ses guerres, qu'il les mène à la boucherie, » etc., etc.

Les *Croquants* de 1596, armés aux pays de Quercy, Agénais, Périgord, Limousin, pour se défendre « des griffes des inventeurs de subsides, voleurs, receveurs, commis, faulteurs et adhérents, » continuent la tradition. Ceux-là furent réprimés par la noblesse de Périgord.

En 1675, six mille paysans bretons dévastent les bureaux de tabac et de timbre à Fougères et à Rennes. En Cornouailles (arr. de Quimper), on brûle les châteaux; on pend les gens de qualité, l'épée au côté, au sommet des clochers (Corr. de Colbert, lett. militaires III. 396 à 447).

Louis XIV pousse une armée contre les insurgés; Madame de Sévigné raconte la répression comme suit :

« On a fait une taxe de 100,000 écus sur le bourgeois, et si on ne trouve cette somme dans les 24 heures, elle sera doublée et exigée par les soldats. On a banni toute une rue (de Rennes) et défendu de les recueillir sur peine de la vie, de sorte qu'on voyait tous ces misérables, femmes, vieillards, enfants, errer en pleurs au sortir de la ville. On a roué un violon qui a commencé la danse. Il a été écartelé après sa mort, et ses quatre membres exposés aux quatre coins de la ville... Nos pauvres Bretons s'attroupent quarante, cinquante, par les champs, et disent : *meâ culpâ;* c'est le seul mot de français qu'ils sachent; on ne laisse pas de les pendre... La penderie me paraît maintenant un rafraîchissement... Les troupes vivent, ma foi, comme en un pays de conquête... »

(Ce ton nous déplait. Fléchier aussi badine en contant les grands jours d'Auvergne. C'est le ton du grand monde de ce temps que son moraliste, La Rochefoucault, a bien jugé.)

Je ne connais, sous Louis XV, qu'une sédition contre les impôts de consommation. Pour parler comme le Maire de Bourg dans le beau discours qu'il fit pour la réprimer, ce fut « en cette capitale » qu'elle eut lieu. C'était en 1735, on venait de tirer à la milice en Bresse, il y avait eu, dit le registre municipal, beaucoup de déserteurs. Les miliciens allant *rejoindre* se prirent, en passant par Bourg, de querelle avec les employés des brigades à cheval de la maréchaussée (il y en avait trois, chacune de cinq hommes). « *Excités par le peuple* » et conduits par « des *Fils de famille* de la ville, » les miliciens vont « casser les vitres de la maison du contrôleur général des Fermes et la piller. » Le Maire, l'Intendant, le prince de Condé intervinrent, paraît-il, et la scène finit par une assemblée générale des habitants, et par le fameux discours du Maire « pour appaiser les sentiments violents et annoncer la clémence de Sa Majesté pour cette fois... » (*Inventaire des archives de Bourg*, par J. Brossard, IIe fascicule, année 1735.) Cette émotion et sédition est à vrai dire la préface de la visite de Mandrin dix-neuf ans plus tard.

La protestation contre les impôts de consommation prend ailleurs une forme autre, presque passive, et qui apparaît bien dans l'étrange histoire de Mandrin dont on va raconter ici quelque chose.

§ II. — LES CONTREBANDIERS AU XVIIIe SIÈCLE.

Le père de Louis Mandrin était maréchal-ferrant à Saint-Etienne-de-Geoire, près de Romans en Dauphiné ; associé avec des faux-monnayeurs, il fut tué dans une rencontre avec la maréchaussée. Il eut deux fils. L'aîné subit aussi la peine de mort pour fausse monnaie. Le cadet avait reçu une éducation au-dessus de sa position, c'est-à-dire qu'on lui avait appris à lire, écrire et compter. Ce cadet, beau garçon, se mit, comme on disait alors, au service du Roi. Sa bonne mine, sa vigueur extraordinaire, l'instinct de la guerre qu'il avait à un singulier degré, une extrême facilité d'élocution, c'eût été assez, en d'autres temps, pour lui faire une belle fortune militaire ; mais il n'était pas *né ;* rien, dans la vieille France, ne pouvait suppléer à ce péché originel. Il avait beau avoir l'étoffe d'un héros, avec cela on ne pouvait faire le plus mince officier. A l'institution des *Cadets-gentilshommes* créée par Louvois pour donner des officiers à notre armée, on venait précisément de substituer l'*Ecole militaire* ; pour y entrer, l'édit de création (1571) exigeait formellement quatre quartiers de noblesse. (Le *Règlement* postérieur de 1781, plus explicite encore, exige les quatre quartiers pour être *sous-lieutenant...*) Le fils du maréchal-ferrant de Saint-Etienne-de-Geoire se dégoûta vite d'un métier sans avenir, et déserta avec armes et bagages, vraisemblablement cette année même 1751.

La première période de son histoire est assez mal connue, semble quelque peu légendaire. Les faits sont à tout le moins grossis, ornés d'agréments assortis par l'imagination populaire. On ne va pas ici les suivre et les contrôler en détail.

On montrera très-sommairement le déserteur faisant de la fausse monnaie dans des cavernes, simulant des apparitions dans des châteaux ruinés pour effrayer les curieux. Après ce début mélodramatique, et auquel on n'aurait guère à changer si l'on retravaillait le sujet pour le théâtre de l'*Ambigu*, le faux-monnayeur est traqué par la maréchaussée, puis condamné ; mais il s'évade la veille du supplice et s'essaie à l'opéra-comique dans les manoirs de Dauphiné. Autrement dit, déguisé en officier et sous le nom de chevalier de Montjoly qu'il portait bien, il présente ses hommages aux châtelaines. Il avait, dit son premier biographe, l'abbé Régley, « la taille de cinq pieds quatre pouces, très-bien prise, la jambe haute, le visage long, les yeux bleus, le regard hardi, les cheveux châtain-roux. Tout prévenoit en sa figure. » Et les châtelaines ne lui sont pas inhumaines du tout....

Le pays de France fut toujours fier d'imiter ses rois. Louis XIV épousant la dame veuve Scarron, Mme d'Escarbagnas convolera avec M. Tibaudier tout court. Louis XV donnant un appartement à Versailles à Antoinette Poisson,

Une petite bourgeoise
Elevée à la grivoise,

les belles dames de Dauphiné hébergeront le faux Montjoly sans façons...

L'Hercule de Geoire se lassa, lui, de filer aux pieds des Omphales dauphinoises. Cette vie lui semblait trop unie. Un biographe le fait voir voyageant seul, avec un commencement de mélancolie qui a sa raison d'être après le précédent épisode, si l'on en croit l'école de Salerne.

Mais l'étrange rêveur tombe au milieu d'une bande de faux-monnayeurs fuyant devant la maréchaussée. Nous voilà en plein *Gil-Blas*. Mandrin se met à la tête de ces gens, relève leur courage, les ramène au combat. Malgré leur féroce intrépidité ils sont défaits. Leur jeune chef est pris pour la seconde fois, pour la seconde fois condamné à mort; pour la seconde fois il s'évade. Ici une variante d'un bon effet, c'est à la vue de la potence qu'il rompt ses liens, culbute ses gardes et s'enfuit dans la montagne!

Il erre quelque temps, déguisé en religieuse cette fois (il n'avait guère que vingt-cinq ans). Il est trahi, arrêté de nouveau; il s'échappe encore comme on le menait pendre à Grenoble, arrive à Lyon où il ose bien s'engager de nouveau, puis se sauve avec la caisse du régiment....

Quand un peintre s'éprend d'un sujet, il lui arrive de le recommencer deux, trois fois, tantôt introduisant quelque variante heureuse, tantôt insistant sur un détail pour l'accuser davantage ou au contraire l'atténuer. On appelle dans les ateliers ces secondes éditions, revues et corrigées plus ou moins, des *répliques*. L'imagination populaire aussi peint et repeint volontiers les sujets qui lui agréent. Les trois évasions de Mandrin, dans les mêmes circonstances, semblent des *répliques* d'une même aventure qui peut bien avoir été vraie une fois, à laquelle les contemporains se complaisent et se jouent.

Le déguisement en religieuse pourrait bien aussi n'être qu'une réédition plus scabreuse du déguisement en officier.

Et la trahison qui suit est suspecte elle-même un peu, et a bien l'air d'une ébauche de la scène finale, où Mandrin sera vendu par une Dalila, comme l'Hercule hébreu.

Quant aux bandes de faux-monnayeurs guerroyant à travers le Dauphiné au milieu du XVIIIe siècle, ce fait plus monstrueux que tous les autres semble un souvenir d'une époque antérieure (1710), où on avait constaté en Dauphiné l'existence de trente-deux ateliers de fausse monnaie. (V. P. Mantellier. *Du Faux monnayage en France.*)

Toutes ces belles choses auraient été affirmées devant Justice en 1755, écoutées par elle gravement, démontrées dans le réquisitoire avec l'éloquence due, que je n'y croirais encore qu'à moitié. Mais le *jugement* de Valence, qui relate tous les méfaits de Mandrin, ne sait rien de ces premiers déportements déjà criminels pourtant. Le premier biographe n'en dit mot. Décidément il en est du brigand comme de certains héros et de certains sages. L'imagination populaire et les narrateurs de seconde main l'auront *idéalisé*...

*
* *

L'histoire vraie commence pour moi à cette fuite de Lyon. Mandrin gagne les montagnes natales et y embrasse la profession de contrebandier qu'il ne quittera plus. Malesherbes nous a dit que sur les frontières elle était enseignée par le père aux enfants et pratiquée sans scrupule. Ainsi était faite la vieille France, tel était le respect qu'elle avait pour son gouvernement qu'on réputait tout gain fait sur le Roi licite ou au moins de bonne prise et que voler l'Etat, ce n'était pas voler. Le contrebandier était donc amnistié d'avance par les intérêts et par l'opinion.

La réputation déjà acquise par le jeune bandit, ses dons naturels, l'argent du régiment lui vinrent en aide à la fois. Il forma une troupe de contrebandiers dont les hauts faits et les succès forcèrent bientôt l'autorité locale d'aviser. Est-ce cette troupe que Régley montre battant la maréchaussée dans les montagnes du Bugey en 1752? C'est peu à croire. Ce qui est sûr, c'est qu'au commencement de 1754 on dut mettre en campagne contre les fraudeurs la brigade de Romans; Mandrin lui tendit une embuscade et la détruisit.

Ce premier triomphe eut du retentissement et amena au *partisan* pour recrues « tous les mauvais sujets du pays, » dit un biographe non sans vraisemblance. Mais ces mauvais sujets étaient aussi les hommes les plus énergiques qui fussent, on n'en peut guère douter.

Dans ces belles montagnes du Dauphiné, dont il connaissait toutes les retraites, tous les passages, le hardi contrebandier guide désormais une troupe nombreuse, résolue. Il prélude pratiquement sur la plus large échelle aux théories du libre échange, ne refusant jamais de faire le coup de mousquet avec les employés des Fermes, puis bientôt attaquant leurs postes et les dispersant.

Des renforts furent envoyés, il leur échappa par la ruse. Quand il ne pouvait mieux faire, il mettait la frontière entre eux et lui. De l'autre côté était la Savoie que la savante politique de Versailles avait livrée, pendant la guerre de la succession d'Autriche, aux Espagnols commandés par l'infant don Philippe, gendre de Louis XV. Pendant six années, les Castillans avaient à plaisir ruiné ce pauvre pays. Depuis la paix de 1748, il était battu par « quantité de soldats licenciés, d'Espagnols déserteurs, de paysans ruinés » par les exactions. « Il y avait des troupes de malfaiteurs sur le Mont-Cenis, dans les Bauges, dans le Chablais ; des rôdeurs pillaient les barques sur le Rhône, les gorges du massif de la Grande-Chartreuse servaient d'asile aux bandits, le bailliage de Novalaise était plein de contrebandiers. » (St-Genis, H. de Savoie, III, 82). On peut juger comme Mandrin était accueilli là.

Il s'y reposait, s'y refaisait, puis rentrait sur le territoire de France à l'improviste, par des points où il n'était pas attendu et qu'on ne gardait pas, par des chemins qu'on n'avait supposés praticables qu'aux chamois. Si l'on en croit les souvenirs transmis d'une génération à l'autre chez ses compatriotes, il avait admirablement discipliné sa bande, si étranges que fussent les éléments dont elle était composée. C'est qu'il avait les qualités qui distinguent les hommes faits pour commander aux autres. Ses passions étaient fougueuses, mais elles ne lui ôtaient jamais le sang-froid. Il interdisait, à ce qu'on prétend, aux siens, sous les peines les plus rigoureuses, toute voie de fait et tout larcin envers les particuliers.

Il est habile d'être honnête, a dit un passé-maître en fait

d'habileté. Cela était sûrement habile, fait pour frapper les simples d'étonnement et d'admiration et pour concilier la neutralité d'abord, puis la connivence des gens de peu.

Le grand satirique du XVIIe siècle qui cache ses audaces sous des airs naïfs a dit : « Notre *ennemi*, c'est notre maître. » Les gens de peu, remplissant alors les caisses publiques à peu près exclusivement, en étaient bien d'accord avec La Fontaine. Les contrebandiers qui vidaient ces caisses étaient les ennemis de leur *ennemi*.

Bientôt Mandrin poussa l'audace jusqu'à attaquer en pleinjour de petites villes, forçant les prisons pour recruter sa bande, pillant les caisses des receveurs des Fermes, distribuant contre espèces ses marchandises prohibées aux habitants qui faisaient semblant d'avoir la main forcée, mais auxquels ce trafic ne répugnait pas infiniment.

Si, des provinces où se passaient ces brigandages, il monta vers Versailles un cri de colère et de honte, on n'y prit pas garde dans ce palais que Mansard doit avoir distribué de façon à ce que les bruits du dehors n'y entrent pas. On avait d'ailleurs là-haut des distractions pleines de charmes. Le *Maître*, seigneur *pococurante*, qui allait disant que la monarchie durerait toujours bien aussi longtemps que lui, fondait en ce temps le *Parc aux cerfs;* il travaillait là à l'accroissement de la population du royaume avec tant de suite qu'il en prit un accès de goutte ; il se faisait mener en forêt dans un fauteuil roulant et tuait encore quelques 200 pièces de gibier. La *Maîtresse* venait d'acheter au faubourg St-Honoré l'hôtel d'un prince du sang ; il n'était pas suffisant pour une personne comme la marquise de Pompadour ; elle l'augmentait donc et en faisait ce joli palais de l'Elysée qui va, si l'on n'y prend garde, remplacer les Tuileries. Elle gravait, elle imprimait de ses belles mains adorées. Elle aidait les Boucher, les Vanloo à créer ce style auquel on a justement donné son nom.

A Paris, on faisait un peu de théologie. Les curés refusaient le sacrement aux Jansénistes ; le Parlement décrétait les curés. Les évêques fulminant, Messieurs faisaient brûler leurs pastorales par la main du bourreau et vendre leurs meubles par ministère d'huissier. — Dans le monde galant, il était bruit du mariage de la demoiselle de Romainville de l'Opéra, « qui a toujours été dans le libertinage public ». M. de Maison-Rouge, « qui est un peu bête et un peu bœuf », deux mois après la mort de sa femme, venait d'épouser cette impure : sa famille, très-considérable, voulait faire casser ce mariage. Un ministre l'empêcha. — Au foyer de la Comédie française, on disputait chaudement des mérites comparés du *Catilina* de M. de Crébillon et de la *Rome sauvée* de M. de Voltaire. — Chez Procope on disait tout haut la dernière épigramme contre la Sorbonne :

> Puisse de Balaam cette nouvelle ânesse
> Ne plus braire, se taire, ou bien parler raison !...

Toutes ces bonnes gens de la Cour et de la Ville étaient bien trop absorbées par des questions si opportunes et si graves pour donner un instant d'attention à de petits événements vulgaires de la vie de province. Et Paris en tout temps n'écoute d'autre bruit que celui qu'il fait.

L'avocat Barbier ne nommera même pas Mandrin. Heureusement il n'en sera pas de même de d'Argenson, le Saint-Simon du XVIIIe siècle (un Saint-Simon moins le génie), dont le *Journal* très-informé, mais volumineux et cher, imprimé en 1860, n'est pas assez connu. D'Argenson s'occupe de Mandrin presque autant que de « la petite Murfi » qui donnait alors un fils à Louis XV et des insomnies à Mme de Pompadour.

§ III. — LES QUATRE CAMPAGNES DE 1754.

Pour que le retentissement des méfaits des contrebandiers « arrivât jusqu'à la Cour et que le Roi donnât ordre de diriger des troupes contre eux », il fallut ces campagnes de 1754, où Mandrin rançonna sept ou huit des départements actuels du Centre et de l'Est, occupa cinq de leurs chefs-lieux, cela le croira-t-on? sans coup férir, sans trouver un simulacre de résistance ! Vraisemblablement la région qu'il visita était fort dégarnie de troupes; elle l'est encore aujourd'hui. Les brigades de maréchaussée ne comptaient par bailliage que quinze à dix-huit hommes; battues maintes fois, elles attendaient peut-être encore les contrebandiers, mais elles ne leur résistaient et ne les poursuivaient plus que pour la forme. Il y avait bien les milices bourgeoises dans les villes. Il y avait dans les campagnes une noblesse nombreuse qui eût pu appeler ses vassaux aux armes. Personne ne bougea. Quand nous arriverons sur un terrain de nous connu, nous verrons peut-être pourquoi.

Suivons les contrebandiers en leurs quatre expéditions de 1754, dans la mesure où nos renseignements abondants ici, rares ailleurs, nous le permettent.

Le 7 juin, Mandrin part de Pont-de-Claix sur le Drac, à deux pas de Grenoble dont la garnison n'y prend garde ; il descend en trois jours près de Montélimart, à Laine, où il bat la brigade de Taulignan. Le 11, il a passé le Rhône, il est à St-Bauzille, à deux lieues de Privas (il y fusille un sergent). Dans les douze jours qui suivent, il traverse les Cévennes et descend dans la vallée du Tarn; il ne nous est rien dit de cette traversée ni dans la biographie primitive (de l'abbé Régley), ni dans l'arrêt de Valence. Le *Journal* de d'Argenson accuse les contrebandiers d'avoir apporté aux Protestants cévénols des armes fournies par les Anglais.

La persécution contre les Protestants, suspendue pendant le ministère du cardinal Fleury, recommençait avec fureur; on achetait à ce prix la majorité dans l'assemblée des Etats de Languedoc. Richelieu, le courtisan sans croyances et sans mœurs, était chargé d'atteindre le résultat que le fanatique Baville avait manqué. On pendait les pasteurs, on enlevait les femmes et les enfants des paysans cévénols; ceux-ci essayaient de résister.

Si l'imputation de d'Argenson est fondée, le mutisme de l'arrêt s'explique un peu. Les pillages et les violences qui permettent au tribunal de suivre la bande à la piste auront manqué pendant cette traversée. Ils recommencent, le 23, à St-Rome-du-Tarn, où une femme est tuée. Les contrebandiers entrent, le 30, à Rhodez, rançonnent l'entreposeur de tabac, se font livrer par le subdélégué de l'Intendant, des armes conservées à l'hôtel de ville, exposent et vendent tranquillement leurs marchandises sur la place, au milieu d'une foire qui tombait ce jour-là. On garde, au musée de Rhodez, un poignard offert par Mandrin au marquis de Bournazel qui le logea dans son château. De Rhodez la bande revient par Mende dont elle vide les caisses le 3 juillet. Le 9, elle a franchi de nouveau les Cévennes et le Rhône, elle traverse le village natal de son chef (Mandrin tue là un homme qui avait dénoncé son frère aîné, le faux-monnayeur). Après cette prodigieuse course au clocher de 200 lieues dans des montagnes peu frayées, les bandits rentrent en Savoie, vers le 12 juillet ce semble.

Après s'être reposé une vingtaine de jours, Mandrin rentre en campagne. Le 8 août, il a traversé le Dauphiné, passé le Rhône ; il est à Saint-Chamond où, en plein midi, il fait feu sur le bureau des soies dont le brigadier est tué. On le retrouve, le 19, à Ambert (Basse-Auvergne), « où il vend des indiennes sur la place, la bayonnette au bout du fusil. Les servantes n'en étaient pas plus effrayées que les maîtresses ; elles ne voyaient en lui qu'une charmante figure aussi appétissante que ses marchandises » (Abbé Régley, Vie. p. 17). Le 25 août, il est à Brioude où il se montre infiniment galant pour l'entreposeuse de tabac, tout en prenant 8,000 livres dans son comptoir. Toutefois, il exerça là « nombre de violences et commit plusieurs assassinats, particulièrement envers les employés des Fermes. Il entra dans le Velay vers la fin d'août. Le 28, il est à Craponne, où l'employé au débit de tabac lui verse 5,601 fr. en échange d'une certaine quantité de tabac de contrebande... »

Le 29 août, Montbrison vit dans ses rues « trois escouades de trente-six contrebandiers, le bonnet à la hussarde retroussé sur l'oreille gauche. Après avoir *fait de l'argent* chez l'entreposeur, Mandrin alla à la prison *faire des hommes.* » Il y tria onze *camarades*, excluant les voleurs du tri avec affectation.

Le 2 septembre nous le retrouvons chez nous à Pont-de-Veyle ; il arrête là deux employés de la brigade de Cormoranche, auxquels il prend les appointements d'icelle. Le 5, il est au château de Joux, où il tue un employé et en blesse plusieurs (Jugement de Valence). Le même jour il entre en Suisse ; pour se refaire de cette seconde marche de 170 lieues en quinze jours, il se repose un mois.

« Alexandre ne voyageait pas plus vite que Mandrin, »

nôte ici l'abbé Régley qui court aussi. Imitons-les, surtout quand nous ne pouvons faire autrement.

Le 3 octobre au soir, les infatigables bandits se présentent au pont de Grésin, à côté du fort l'Ecluse. Il y avait à cette époque 130 compagnies d'invalides, encore propres au service, distribuées dans les places frontières. Une gardait l'Ecluse ; elle eût pu occuper ce pont et le défendre; elle eût pu le couper; elle n'en fit rien. Les contrebandiers passent, arrivent à Bellegarde au coucher du soleil, arrêtent la poste pour qu'elle n'annonce pas leur arrivée et entrent à Nantua, à onze heures du soir, suivant l'abbé Régley; ils vident la caisse du bureau de tabac, et après quelques libations dans les cabarets (où ils payent leur écot) repartent à minuit. Ce récit est en désaccord avec le *Jugement* de Valence, qui fait passer Mandrin à Nantua le 4. Il se concilie moins encore avec celui que l'historien de Nantua, M. Debombourg, a recueilli sur place et auquel nous nous tenons. Le seul détail de ce dernier que nous puissions réformer, c'est la date. En 1764, Mandrin était mort depuis neuf ans. Ceci noté, écoutons l'auteur de *l'Histoire de la ville et abbaïe de Nantua.*

« La première année de Tanneguy, comme Prieur, — c'est 1764, — fut signalée à Nantua par un événement tragi-comique. Le fameux Mandrin et sa bande, munis de nombreux ballots de marchandises, firent invasion dans la ville, où une lutte armée s'engagea.

» Les bandits, par leur audace, imposèrent d'abord aux habitants et profitèrent de la terreur pour piller quelques maisons. Ils allèrent au presbytère où ils trouvèrent le curé Goyffon ; ils burent son vin. Mais ils ne purent s'emparer des richesses de la sacristie ; on ne leur en donna pas le temps.

» Les habitants les plus courageux s'armèrent et une seconde bataille eut lieu dans l'église même ; elle coûta la vie à quelques-uns de ces bandits ainsi qu'à un bourgeois de Nantua.

» Tandis que cette partie de la troupe de Mandrin tâchait de dévaliser l'église, le reste faisait composer M. Ducoin, directeur de la poste, et le caissier du grenier à sel.

» Mais pendant les pourparlers, les Nantuatiens prirent résolûment le parti de résister. Et bientôt Mandrin fut obligé de quitter la ville, laissant dans les murs ses ballots de marchandises et disant que lui et ses compagnons étaient des voleurs honnêtes, et qu'ils tenaient simplement à se défaire des objets prohibés qu'ils avaient avec eux. Malgré leur prétendue honnêteté, les Nantuatiens les poursuivirent vigoureusement et trois de ces bandits furent tués vers les rochers qui bordent le lac près de Lacluse... »

On le voit, les contrebandiers ne se sont pas comportés ici comme ailleurs. Ils sont reçus tout autrement aussi.

Presque en entrant, après une escarmouche où ils eurent, paraît-il, l'avantage, encouragés par la « terreur » des habitants, les gens de Mandrin se mettent à piller : malgré les affirmations réitérées des biographes, je ne crois que modérément à leurs scrupules en ces matières. Le chef défendait à sa bande de piller les particuliers. Etait-ce par calcul et pour se ménager toutes les chances possibles de prolonger l'existence qu'il s'était faite ? Etait-ce par un sentiment de répugnance pour le vol proprement dit ? Ceux qui penchent pour la première hypothèse se diront que le pillage d'une petite ville perdue dans les montagnes et par laquelle la bande ne se proposait pas de repasser n'avait pas d'inconvénient majeur. Ceux qui tiennent pour la magnanimité de Mandrin devront se dire qu'il n'avait pas fait des agneaux des loups qu'il avait recrutés dans les Alpes. Dans la première supposition il leur abandonna Nantua. Dans la seconde, ils auront mis la ville à sac sans son agrément bien formel.

Un commencement de pillage soulève « les habitants les plus courageux, lesquels dans une « seconde bataille » font du mal aux contrebandiers ; ce demi-succès ameute enfin toute la ville, qui jette hors les envahisseurs.

Ainsi Nantua regimba. Nantua n'est pas d'un tempérament endurant. Il n'y a pas de population plus énergique en notre pays que celle-là. La race, l'air des montagnes y sont pour quelque chose, je le veux. Cette éducation qui s'appelle l'histoire y est peut-être pour beaucoup. Pendant sa première jeunesse, Nantua a eu à se défendre contre les nobles de la montagne qui, menés par les sires de Thoires, venaient le piller ou le brûler un peu, en 1209, en 1232, en 1250 par exemple. Puis Nantua adulte eut à conquérir des franchises qu'en 1443, quand toutes nos petites cités étaient libres, les Bénédictins ses maîtres lui refusaient encore. Nantua les conquit donc, après « une *noyse* où la barque de St-Pierre, » c'est-à-dire la fortune de l'abbaye souveraine, « faillit périr », dit un document authentique. Enfin, au XVIIe siècle encore, les populations limitrophes de la Franche-Comté espagnole restaient militaires et faisaient un rude accueil au comtois Lacuzon, contrebandier d'abord comme Mandrin, mais qui plus heureux que lui, et la guerre aidant, passa patriote et héros, tout en restant pillard. — Un pareil passé oblige.

Voudra-t-on bien nous laisser indiquer encore une autre raison possible de cet accueil si particulier fait là aux contrebandiers. A Nantua, le prince c'est dom Prieur; sa maison ayant eu de toute ancienneté la prétention de ne relever au temporel que du Roi qui l'avait possessionnée. Ce prince d'Eglise a, certes ! une raison péremptoire de provoquer la résistance contre des pillards forçant une sacristie. Il n'a pas de secret motif de l'enrayer : il est par son caractère pacifique dispensé de conduire cette résistance lui-même et d'exposer ainsi sa personne sacrée.

Ailleurs, rien de semblable. Le représentant du Roi, les magistrats eux-mêmes, portaient l'épée. Inviter la population à la lutte, c'était s'engager à l'y conduire. Il y allait de la peau de Monseigneur et de Messieurs. C'est pourquoi on parlementait d'abord avec Mandrin un peu partout. Ce que voyant les habitants, instruits d'ailleurs qu'on n'en voulait qu'aux revenus de Sa Majesté, ils estimaient que cette affaire ne concernait qu'elle et qu'il serait indiscret de s'y mêler sans y être invité.

M. Debombourg nous montre les bandits se retirant par Lacluse. Puis Régley nous les fait voir se reposant *inter pocula*, à Saint-Martin et à Cerdon, où ils échangent quelques coups de fusil avec quinze employés des Fermes, retranchés dans un bois, lesquels leur blessent deux hommes et leur tuent un cheval.

Ils passent l'Ain à Neuville ou à Pont-d'Ain et arrivent, le 5 octobre, à dix heures du matin, à Bourg.

§ IV. — MANDRIN A BOURG.

La prise de Bourg par les contrebandiers, dont en notre enfance nous avons encore entendu faire des récits, n'est, nulle part que nous sachions, contée d'une manière exacte. Le narré de l'*Histoire de Bresse* de Gacon abrégée par La Teyssonnière (qui manque dans le manuscrit original et doit être de l'abréviateur), est assez peu exact quant au fait et totalement erroné quant à la date. C'est en septembre 1755 que La Teyssonnière amène Mandrin chez nous. A cette date, le bandit avait depuis trois mois payé sa dette à la justice d'alors si longtemps narguée par lui, et qui le lui fit payer cher. Nous ne puiserons donc à cette source qu'avec défiance. Nous emprunterons, surtout à des pièces officielles, conservées par le descendant d'un personnage qui joue un rôle dans cette scène, un récit incomplet encore suivant toute apparence — en quel temps les pièces officielles furent-elles jamais exemptes de réticences, — mais relativement exact de la visite que fit à notre ville le célèbre contrebandier le 5 octobre 1754. C'est la date que nous apportent nos documents ; c'est celle qu'avait donnée Lalande dans ses *Etrennes historiques pour l'année* 1755 (p. 43). Lalande avait de bonnes raisons pour être bien fixé là-dessus ; on le verra.

Notre principal narrateur est un témoin oculaire ; c'est un personnage très-qualifié, considérable déjà et qui le devint davantage ; il prend noms et titres :

Jean-François Joly de Fleury, chevalier, conseiller du Roy en ses Conseils, Maître des requêtes ordinaires, Intendant de justice, police et finances dans les provinces de Bourgogne, Bresse, Bugey, Valromey et Gex, Elu en la chambre des Elus généraux des Etats de Bourgogne...

Jean-François, fils de Guillaume-François, lequel avait succédé à Daguesseau comme procureur-général au Parlement de Paris, était Intendant de Bourgogne à trente-six ans ; il sera Contrôleur général des finances en 1781, sous Louis XVI.

Que faisait à Bourg le magistrat qui ne laissait plus au

prince du sang, gouverneur de Bourgogne, que les honneurs de sa haute fonction, en détenant tous les pouvoirs de fait? — De supposer qu'il venait prendre des mesures pour arrêter les contrebandiers au passage, ce n'est pas possible, il eût amené avec lui quelques troupes et le spectacle ignominieux qui nous sera donné tout à l'heure nous eût été épargné.

Que M. de Fleury ne fût pas informé des mouvements de Mandrin, cela nous semble impossible à admettre, c'est pourtant vraisemblable puisqu'il se laisse surprendre par lui. Les communications étaient peu fréquentes ; le courrier de Paris n'arrivait ici que les mardi, jeudi et samedi soir; il repartait les dimanche, mercredi et vendredi matin. Il n'y avait de messager pour Belley que les 1er et 15 du mois. Et nous avons vu Mandrin arrêter celui de Nantua.

L'Intendant de Bourgogne connaissait de l'exécution des ordonnances et arrêts du Conseil; de tout ce qui concerne la ferme des postes, des coches et messageries; des poudres et salpêtres; du contrôle des actes de notaires; petit scel, insinuations laïques, centième denier, papier timbré, amortissements, nouveaux acquêts et francs fiefs; des troupes, des haras; des dettes et affaires des *communautés d'habitants* qui ne pouvaient plaider, faire de dépenses et réparations, s'imposer qu'avec son congé. Enfin il était chargé de la répartition des tailles pour laquelle faire « il tenait chaque année son département à Bourg. »

— C'est tout? — C'est tout ce que m'en apprennent Gacon et Lalande. Mais je vois dans l'*Inventaire* de nos archives que, non content de cumuler des fonctions réparties aujourd'hui entre je ne sais combien de services et d'avoir tout l'*Exécutif*, notre Intendant empiétait sur le

Législatif aux occasions. Par exemple, la commune de Bourg pour faire face aux besoins de sa caisse (souvent en déficit, parfois en faillite), ayant doublé l'entrée du vin, les consommateurs se mettent à boire de la bière séditieusement. Notre Intendant, de sa privée autorité, frappe la bière d'une taxe égale à celle du vin — dont les séditieux furent bien quinauts et le vignoble bien joyeux. — Mais il n'en fut que cela.

Le Préteur, à Rome, n'avait cure de détails par trop minces ; *De minimis non curat Prætor.* Le roi de France non plus. Mais Mgr l'Intendant avait l'œil à toutes choses et à quelques autres encore, *omnibus rebus et quibusdam aliis.* Pardon de tout ce latin, mais il aide à entendre ce qui me reste à dire, c'est à savoir que M. de Fleury en notre Bourgogne pouvait tout et était bien plus roi que le Roi.

Monseigneur l'Intendant nous faisait donc une de ces visites attendues et redoutées, qui remuaient toute la province et amenaient à ses pieds tout ce qui avait un pardon, une grâce à solliciter ; une place, une pension à quémander ; une exemption de charge, un passe-droit à arracher ou à acheter. Lalande encore, cette fois dans les *Anecdotes de Bresse* (manuscrites), nous montre en ces occasions toute la noblesse du pays s'empressant autour du robin tout-puissant qui gouvernait en fait quatre de nos départements actuels. Le séjour de l'Intendant ici n'était qu'une longue fête. Cette notice, d'autres qui l'ont précédée, sont, dans notre intention au moins, des tableaux de mœurs autant et plus que des fragments d'histoire. Avant de montrer les contrebandiers surprenant la ville, voyons à quoi celle-ci était occupée. Le contraste en lui-même est piquant; et il explique un peu pourquoi nous n'avons pas essayé de résister.

Sans doute les mœurs n'avaient pas foncièrement changé depuis la fin du grand règne, époque où elles manquaient d'austérité, à en croire la peinture dont un jeune magistrat trouvait les couleurs, il y a trois ans, dans les Archives du Présidial. (*Petite chronique de l'an* 1697, *Annales* 1871, p. 25.) L'établissement de la *Samaritaine* qui a peut-être laissé son nom à une de nos rues, et dont l'hôtesse était si accorte, l'arrière-boutique si hospitalière, les bancs si indiscrets, existait peut-être encore. Mais les gens du bel air avaient abandonné les confiseurs-limonadiers pour se réunir le matin dans le premier *café* ouvert à Bourg. On y arrivait par une poterne tortueuse et sombre donnant accès de la rue d'Espagne dans la cour basse de l'ancien château de Savoie. Ce café était caché là dans une salle d'aspect rude, qui avait jadis servi de corps de garde à la forteresse, à côté de ce *four de Bâgé* où nos bons sires cuisaient le pain qu'ils voulaient bien nous vendre au prix fixé par eux, dans l'ombre de la tour qui portait leur nom. On perdait là quelques louis au passe-dix, après quoi on allait voir les dames à leur petit lever.

A midi, qui était l'heure du dîner, on faisait bonne chère chez Mme de Meillonnas, en son nom Marie-Anne Carrelet. Nous n'étions pas remis des guerres, et il avait fallu porter la vaisselle plate à la monnaie, par ordre du Roi. On servait dans ces belles faïences que la maîtresse du logis avait peintes. Elle était de bourgeoisie et croyait pouvoir imiter en cela cette bourgeoise qui gouvernait la France, Mme de Pompadour, laquelle dessinait pour la manufacture qu'elle avait fondée à Sèvres. Mme de Pompadour faisait faire des tragédies à Crébillon : Mme de Meillonnas en faisait elle-même. Elle les adressait à Voltaire ; et ce malin génie avait la perversité de l'encourager dans ce travers. Une tragédie, cette œuvre virile entre toutes si l'on en croit Diderot, ne coûtait à cette dame que douze jours de gestation.

Ensuite on s'occupait d'affaires, cela dans les boudoirs parce que le travail là est plus facile. On signait ensuite dans les bureaux.

A six heures on se réunissait dans la grand'salle du Palais. Elle était sise au rez-de-chaussée du sombre manoir rebâti pour Marguerite de Bourbon, la plus belle des deux mortes de Brou, par Philippe de Savoie, son terrible époux. On y arrivait de plein pied par la tragique *Place des Lices* (après avoir promené un instant sous les jeunes tilleuls du bastion de Montrevel, récemment plantés). Les chandelles étaient allumées, le souffleur à sa place. La troupe St-Géran, venue de Dijon avec M. l'Intendant, jouait la *Rome sauvée*, qui est de 1752, et la *Métromanie* qui ne laissait pas d'être ici de circonstance. *Toute la province* en hommes et en femmes était là, si bien que telle recette monta à 416 livres... (Lalande.)

Ce beau monde allait ensuite souper chez M. l'Intendant; j'imagine que celui-ci descendait au *Logis du Roy*, rue Bourgmayer, qui est la maison vendue depuis aux Montbel d'Entremonts, ensuite aux du Chatelard. Elle a été convertie en prison en 1793. Et nous l'avons vue occupée par A.-C.-N. de La Teyssonnière, auteur des *Recherches sur le département de l'Ain.*

Le soir, noble Jean-Joseph Monnier, conseiller du tiers-état depuis 1748, agréé par le Roi en qualité de premier syndic de Bourg en 1752, donnait le bal dans sa maison dite la *Vieille charité*, par lui achetée 5,500 livres l'an d'avant. Ou en son hôtel, Mme d'Espagnac, commandante de Bourg, qui aimait fort la danse. Ou M. de Lucinge, dans ce beau salon orné de *verdures* qui existe encore. Ce Lucinge-ci n'était pas un guerrier comme son trisaïeul, lequel voulant insurger la Bresse contre Henri II, en 1557, fut condamné, lui à être décapité, son château des Alimes à être démoli. Il n'était pas prince comme celui de ses descendants qui a épousé une petite nièce de Louis XVI. Il était poète comme tout le monde alors l'était un peu, comme Benoît Golléty, comme Dom Jeannin, prieur de la Chassagne. Mais moins badin et plus tendre qu'eux. Les vers de Benoît Golléty sont à la bibliothèque de Bourg, magnifiquement calligraphiés, reliés, dorés sur tranche. Ceux de Dom Jeannin sont au *Mercure de France*. On connaît ceux de M. de Lucinge par les comptes rendus de la Société que J. de Lalande fonda en 1755 ; M. de Lucinge était le poète attitré de cette compagnie (devenue en 1783 la Société d'Emulation) ; en moins de trois ans il lui lut des vers vingt-quatre fois.

J'oubliais de dire que si Marie-Anne Carrelet faisait des tragédies, tel gentilhomme brodait : — qu'en une seule famille où les cadets étaient toujours d'église, je trouve un abbé rimant des madrigaux fort lestes, et un « aumônier de cavalerie ayant la plus jolie figure et les mœurs d'un militaire... » Je nommerai si l'on veut.

Pourquoi une société ainsi faite, et se trouvant bien faite ainsi — son poète de prédilection, s'acheminant à cette heure même vers Ferney, avait dit :

> Oh! le bon temps que ce siècle de fer!

pourquoi une société ainsi faite se serait-elle défendue contre des contrebandiers qui savaient vivre ? Il faut avouer qu'on ne le voit pas bien.

D'ailleurs ce temps n'avait pas de préjugés. Horace

Walpole, je crois, écrit que, si le maréchal de Saxe débarquait à Douvres, la bonne compagnie de Londres se disputerait les fenêtres à White-Chapel pour le voir faire son entrée. On n'imagine pas que la bonne compagnie de Bourg s'émut davantage quand elle apprit que les contrebandiers, conduits par leur illustre chef, étaient aux portes de la ville, le 5 octobre 1754.

De garnison nous n'en avions pas; le petit récit sommaire que fait Lalande en ses *Etrennes historiques* (p. 82) le donne à croire. Toute la force armée de la province consistait en deux compagnies d'invalides ; celle qui laissa passer Mandrin au pont de Grésin et une autre partagée entre Seyssel et Belley.

Il est vrai que la vieille commune de Bourg, libre depuis 500 ans, avait encore sa milice bourgeoise, divisée en six pennonnages selon ses six quartiers, et commandée par ses *dixainiers* (Lalande, id. 46). Cette milice avait un effectif de 6 à 700 hommes : une partie était armée de mousquets un peu archaïques et rouillés, le reste avait des rapières ou des hallebardes d'une forme terrible. (J'ai vu les dernières figurer aux processions de la Restauration, aux mains des *valets de ville* qui portaient ces outils rébarbatifs d'un air assez truculent, autour de Messieurs de la Commune; ceux-ci ainsi escortés ne laissaient pas d'imposer au *bas peuple* comme on disait alors, et tout cela conservait le respect... On les a mises au Musée, dans un coin... *O tempora! O mores!*) Nul, quelle que fût sa dignité, n'était dispensé de paraître aux *montres* (revues). Messieurs du Présidial, par exemple, y faisaient grande figure, en habit de ville, *l'épée en verrouil*, comme on disait alors, et suivis de leurs gens portant leurs autres armes. M. de Combes qui nous a raconté cela si bien

(*Annales de la Société d'Emulation*, tome v, p. 162), déclare cette milice « sérieuse » et ce qu'il appelle « l'énergie de la vie locale » fort conservé en 1689...

Que si la nombreuse noblesse qui remplissait la ville préférait s'abstenir, comme elle avait fait lors de la dernière convocation de l'arrière-ban (de Combes, *Annales*, t. v, p. 168), peut-être cette milice « sérieuse » se tiendrait mieux.

L'an d'avant on avait refait les serrures de nos portes. Et cette année on avait réparé nos vieilles fortifications, cette épaisse *chemise* de briques du moyen âge, que Henri II avait terrassée et bastionnée, employant bourgeois et manants à brouetter la terre desdits bastions. En 1601, nous avions vraiment défendu cette enceinte près d'une demi-heure contre les Gascons huguenots de Biron ; cet accès d'héroïsme nous avait coûté une semaine de pillage. En 1754, nous ne nous sentions pas en humeur de recommencer. D'ailleurs nous avions dans notre histoire un autre exemple plus prudent à suivre ; je veux dire celui de l'Assemblée de 1536, laquelle sommée de rendre Bourg par Montjoie le héros d'armes de François Ier, décida, encore bien que ledit Montjoie fût seul et non accompagné, qu'elle respectait trop le seigneur Roy pour ne pas lui complaire et obéir en tout...

L'énergie de la vie locale avait décidément *des hauts et des bas*, même sous l'ancien régime. Et si « la vitalité et l'esprit d'initiative » sont perdus chez nous, ce n'est pas notre temps précisément qu'il faut en accuser.

*
* *

Monseigneur l'Intendant de Bourgogne, Bresse, etc., fut « informé sur les onze heures du matin, le 5 octobre

1754, par différentes personnes de considération, qui se rendirent à cette fin en son hôtel, qu'il étoit entré dans la ville une troupe considérable de contrebandiers qui s'étoient rendus maîtres des portes... »

Je laisse un moment le procès-verbal officiel pour emprunter un ou deux détails, oubliés par lui et vraisemblables, à Lalande, à La Teyssonnière ou même à la tradition orale.

Le capitaine jeune et expérimenté qui s'était trouvé déjà maintes fois à pareille fête, aussitôt entré, plaça des vedettes dans toutes les rues et un gros détachement dans « la Hasle, une des plus belles du royaume, où on entretenoit des lanternes pendant l'hiver depuis un an. » C'était le forum de la cité, le lieu où l'on se fût réuni infailliblement pour résister si l'on avait eu cette velléité ou ce caprice.

Défense fut faite aux habitants de sortir des maisons. Mais, dit la tradition, on n'interdit pas aux dames de se mettre aux fenêtres. Elles n'eurent garde d'y manquer ; elles se mouraient moitié de peur, moitié de l'envie de voir comment était tourné au juste le beau jeune chef de brigands qui a été comparé à Henri VIII d'Angleterre, parce qu'il n'avait refusé jamais ni la vie d'un homme à sa colère, ni l'honneur d'une femme à ses désirs...

Le beau chef de brigands s'occupait d'affaires. Une fois la ville à lui, son premier soin fut de se porter chez « le sieur (Jean Hersmuller) de Laroche, directeur des fermes de Sa Majesté, lequel n'eut que le temps de se sauver, » mais non celui de *sauver la caisse* où, si l'on en croit La Teyssonnière, Mandrin aurait immédiatement puisé 15,000 livres.

Le procès-verbal officiel dit que les contrebandiers

« n'ayant pas trouvé ledit sieur de Laroche, avoient demandé la dame son épouse, à laquelle ils avoient dit qu'ils venoient apporter à son mari pour 20,000 livres de tabac et qu'elle eût à leur compter ladite somme. »

« Ladite dame ayant répondu qu'elle n'avoit pas d'argent, ils l'auroient enlevée de chez elle (à demi vêtue, dit La Teyssonnière), avec menaces et violences, et l'auroient traduite en notre hôtel, rassurant les bourgeois et disant qu'ils n'en vouloient qu'aux employés. »

« Ayant vu par nous-même plusieurs d'entre eux qui entroient avec la dame de Laroche dans la cour de la maison que nous habitons, nous avons prié M. de Bohan, lieutenant de Roy, M. Chossat, capitaine, tous deux chevaliers de St-Louis, d'aller trouver de notre part le commandant de la troupe et de l'engager à se retirer. »

« Le chevalier Chossat nous ayant rapporté que le nommé Mandrin, capitaine chef des contrebandiers, lui avoit dit qu'il avoit déposé pour 20,000 livres de tabac chez le sieur de Laroche et qu'il demandoit le payement de cette somme pour relâcher la dame de Laroche et se retirer, nous avons ordonné au sieur Varenne, receveur des tailles, de payer audit Mandrin ladite somme de 20,000 livres, ce qui a été exécuté sur le champ, ainsi qu'il est justifié par la quittance dudit Mandrin. Après quoi ledit Mandrin a fait relâcher ladite dame de Laroche, nous *a fait faire des excuses* et a conduit sa troupe au faubourg des Halles pour faire halte en divers cabarets... »

Ce détail n'est point indifférent. Ces excuses ne sont pas prises pour une impertinence du bandit, puisqu'on les relate, mais bien pour une marque ou une montre de savoir-vivre. Et il en était ainsi : Mandrin est poli après tout, et sujet du Roi quand même il vole Sa Majesté ; s'il a manqué au respect, il entend réparer ce manquement et qu'on le sache. La halte en divers cabarets n'est pas moins caractéristique. Il faut se rafraîchir après cette chaude matinée, ce à quoi les bandits vaquent dans une entière quiétude. Ils ont vu nos magistrats *facie ad faciem*, ou, dans une langue moins auguste, *entre quatre z'yeux*, les ont jaugés et savent bien qu'ils ne seront pas troublés en leur *beuverie*.

« Après le dîner il (Mandrin) s'est transporté aux prisons avec un détachement et *s'étoit* fait ouvrir les portes. Il s'est fait présenter les registres de la geole et a fait sortir les *prisonniers pour dettes* ou contrebande, au nombre de dix qu'il a emmenés avec lui, déclarant ne vouloir en sa troupe ni *voleurs* ni *malfaiteurs.* »

Que penser de ceci? Et qu'y a-t-il derrière cette libération des débiteurs? On ne va pas faire de Mandrin un socialiste. Le fils du maréchal de St-Etienne-de-Geoire, sachant peu d'histoire romaine, n'avait pas de rancune non plus contre les lois des Douze Tables. Mais les petites gens gardaient encore à cette époque, contre les marchands d'argent, des colères datant du temps où cette marchandise rapportait 43 1/2 pour cent (de par ordonnances des deux petits-fils de St Louis, Louis x et Philippe v). Les anathèmes de l'Eglise contre l'usure entretenaient peut-être bien quelque peu et réchauffaient ces colères-là. Soit qu'il les partageât, soit qu'il voulût seulement les caresser, Mandrin les servait ; sa popularité n'y perdait rien.

Les détenus pour vol et autres méfaits ne furent pas élargis. Cela appert de la déclaration que le bandit fit « après dîner, » à savoir « qu'il ne vouloit ni voleurs ni malfaiteurs en sa troupe. » Nous le verrons ailleurs la réitérer soigneusement. Elle n'était pas d'un petit génie.

Du fait, Mandrin passait de voleur un pur et simple opposant. La société d'alors, opposante aussi volontiers, pouvait dès lors assister à ces scènes-là sans intervenir et en se lavant les mains. M. de La Teyssonnière qui dit à cet endroit : « Mandrin ne fit éprouver de mal à personne. Les habitants restaient *tranquilles spectateurs* de ce qui se passait... » dit la même chose naïvement.

C'est de cette pratique savante et de ces audacieuses hâbleries du contrebandier que naîtra la légende consacrée dans ces vers de M. Gabriel de Moyria, un poète de chez nous :

Au nombreux auditoire
Pour la première fois un conteur ingénu
Disait l'aventureuse histoire
Du célèbre Mandrin que lui-même a connu :
Comment, suivi de son escorte,
Un jour il apparut, semant partout l'effroi
Et d'un pauvre força la porte
Pour lui donner tout l'or qu'il avait pris au Roi !

Voilà, ce me semble, les *Brigands* vertueux de Schiller bien distancés. Et Béranger peut désormais faire chanter à ses contrebandiers :

Château, maison, cabane
Nous sont ouverts partout ;
Si la loi nous condamne,
Le peuple nous absout...

Mais revenons à notre document officiel. « Pendant ce temps, dit-il (pendant que Mandrin en personne élargit les prisonniers pour dettes), le reste de la bande vendoit des marchandises aux bourgeois qui n'osoient *ni refuser ni marchander...* »

Vraiment, Monseigneur ? — Voilà de l'euphémisme, ou il n'y en eut jamais. — Mlle Marton, ci-devant *la Liauda*, aura acheté du piqué anglais, liseré de rose, de quoi se faire un *déshabillé* lequel, montré à la belle messe chez les PP. Cordeliers, doit rendre toutes les bourgeoises de la ville vertes de jalousie. Mme la baillive se sera pourvue d'une livre de tabac d'Espagne pour mettre en sa boëte d'or, toute mignonne, qui vient de chez le bon faiseur et qui est ornée de votre portrait. — Eh bien j'incline à penser qu'elles auront un peu marchandé ; sans cela, comment eussent-elles pris garde que le marchand avait des façons honnêtes, du linge fin et les dents blanches? — Oh ! marchandé pour la forme, vous savez, et comme les femmes qui se respectent marchandent le fruit défendu. Elles auront même refusé, puis pris ce qu'elles refusaient, j'en suis sûr. Mais d'intimidation il n'en était pas besoin, Monseigneur, et il n'y en a pas eu...

Nous-mêmes, Monseigneur, sommes fils d'Eve. Nous n'allons guère à Genève sans rapporter quelqu'un de ces petits pamphlets que nos gouvernements moraux et malades nous ont interdit de tout temps dans l'intérêt de leur santé et de notre vertu...

Mais on ne met pas ces choses-là dans les procès-verbaux.

« Sur les quatre heures (comme M. de Fleury se mettait à table chez les Révérends Pères Capucins, assure l'abbé Régley — une façon imprévue de se refaire de l'alerte du matin), ladite troupe dont plusieurs étoient pris de vin, ayant encore demandé 8,000 livres pour six ballots de tabac qu'elle auroit déposés chez le sieur François, entreposeur, et ayant menacé de piller la maison dudit, s'il refusoit, nous avons fait compter ladite somme audit Mandrin, qui en a donné quittance au nom de François, quoiqu'elle ait été payée des deniers du sieur Varenne, receveur des tailles. »

Le sieur François était le père de Joseph-Jérôme le François de Lalande, l'astronome entré à vingt-deux ans à l'Académie des Sciences, en 1752. (Le nom de Lalande est celui d'une terre près Coutances, ayant appartenu à la famille.) La petite maison modeste où la scène se passa est celle où Lalande est né. François vendait là du tabac, sa femme Marianne Monchinet était directrice de la poste. Le fils illustre était à Bourg à ce moment, les renseignements trop concis qu'il donne sur l'occupation de Bourg par Mandrin sont donc d'un témoin oculaire et renseigné. Sur le chiffre de la contribution perçue par les contrebandiers, il s'accorde avec M. de Fleury. Il diffère sur un point comme on verra.

Voici comme M. de La Teyssonnière reconduit nos envahisseurs d'un jour : « La bande des contrebandiers partit la nuit, dans un état d'ivresse tel qu'ils eurent de la peine à monter à cheval, de telle sorte que vingt hommes auraient suffi pour les exterminer ou les arrêter... » M. de La Teyssonnière a grandi au milieu de témoins oculaires de ces scènes : c'est une impression et une réflexion d'eux qu'il rapporte là. Il est bien à croire en effet qu'une poignée de noblesse, quelques miliciens résolus, la maréchaussée de Bresse qui comptait dix-huit hommes, tombant à l'improviste sur les bandits ivres-morts, en auraient eu raison sans trop de peine, leur auraient fait regorger la somme assez ronde qu'ils emportaient, avec intérêts peut-être.

On se le dit entre haut et bas, mais personne ne bougea.

Les *fils de familles* qui avaient mené l'émeute de 1735 s'étaient assagis et n'eussent pas recommencé. Si on leur eût proposé de prendre fait et cause pour le directeur des fermes ou le receveur des tailles, ils auraient souri.

Mgr l'Intendant ne se soucie pas précisément qu'on

fasse à Versailles de réflexions comme celles de La Teyssonnière. De cet état d'ivresse des bandits il parle le moins qu'il lui est possible, en atténuant. « Après quoy (après leur visite chez le sieur François), lesdits contrebandiers se seroient retirés. Des particuliers qui les ont rencontrés nous ont rapporté qu'ils étoient au nombre de 112, dont 96 à cheval... » Lalande veut qu'ils fussent 152. C'était considérable pour une troupe de contrebandiers, c'était mince pour occuper une ville forte ayant 6,000 habitants.

On dit encore à M. de Fleury que les contrebandiers avaient quitté la route de Chalamont (de Lyon) par laquelle ils étaient sortis, paraît-il, pour prendre le chemin de Châtillon, et s'étaient vantés dans la ville de se rendre à Mâcon et à Villefranche en Beaujolais.

Suivent dans le dossier que j'ai vu l'ordre donné par M. de Fleury au receveur des tailles de compter au porteur dudit ordre la somme de 20,000 livres et la quittance du porteur que voici avec son orthographe :

« *Je déclare avoir reçue de Monsieur le chevalier Chosat quapitaine au régit. de Nice la somme de vingt mille livres pour marchandise que j'ay livré à Madame La Roche à Bourg, ce 5 octobre* 1754. L. MANDRIN. »

Vingt mille livres en toutes lettres, comme en comptabilité c'est de rigueur. Voilà qui est d'une régularité au-dessus de tout éloge. Et il est impossible de trouver un bandit mieux appris.

Quant à Mgr l'Intendant de police, justice et finances, sa conduite, à vrai dire, paraît exempte d'héroïsme. Mais 1°: A l'héroïsme nul n'est tenu. 2° On ne voit pas bien, dans le cas particulier, à quoi l'héroïsme eût pu servir sans compromettre une existence aussi précieuse pour notre pays que la sienne. Il ne tient qu'à nous de croire qu'il était adoré de ses administrés, j'ai failli dire de ses peuples...

Lalande, en 1755, publia le petit almanach qu'il n'a pas continué, malheureusement, *Les Etrennes historiques à l'usage de la Bresse*. Ses 80 pages in-32 sont plus utiles en tout que tel gros in-4° sur le même sujet. Il dut dédier à « Monseigneur Joly de Fleury de La Valette, chevalier, etc., etc., ce premier essai d'un ouvrage destiné à célébrer chaque année, le bonheur dont nous jouissons sous son autorité et que nous devons à ses soins... » Lalande restait d'ailleurs, — Monseigneur l'imposant, — « dans les bornes de l'admiration *secrette* que répandait en nos esprits l'étendue des lumières, la grandeur des vues, la prudence des décisions » de Monseigneur. Qu'eût été cette dédicace si l'admiration de l'auteur avait eu la permission de s'épancher ?

Nous avons eu des fictions constitutionnelles. Par exemple, le ministère était responsable, le Roi ne pouvant mal faire. C'était, j'imagine, en 1754, une fiction constitutionnelle que Mgr l'Intendant faisait le bonheur de sa province. Nonobstant, j'aimerais mieux pour Lalande qu'il ne fût pas responsable de cette dédicace dont il rougissait d'ailleurs, car il l'a signée sournoisement de trois étoiles.

A Versailles, où le procès-verbal fut envoyé, on n'en conclut rien de fâcheux pour notre Intendant. Les supérieurs, quand ils le croient possible, ne se privent pas du plaisir de donner aux subordonnés des leçons de dignité ou de courage : cela n'engage trop à rien. Et cela permet de prendre des attitudes comme on en prend dans les tragédies, et qui font toujours éclater le bon parterre en applaudissements. Les Excellences de ce temps ne firent rien de semblable. Elles n'avaient pas le cœur plus haut que Fleury, et ne virent évidemment ni la nécessité, ni la convenance de le gourmander.

L'Intendant de police, justice et finances, avait mis, à faire sa police, une telle clairvoyance et habileté, qu'un bandit avait pu le surprendre dans une ville forte et lui faire signer des ordres ignominieux ; — il avait montré, dans l'administration de la justice, une fermeté allant jusqu'à faire sommer Mandrin de se retirer ; — et dans la gestion des finances une magnanimité allant jusqu'à ouvrir les caisses de l'Etat pour épargner à un voleur public l'ennui d'avoir à les forcer. Toute cette conduite parut si naturelle et fut si approuvée que le roi Louis XVI en récompensera M. de Fleury en l'appelant à la périlleuse succession de Necker. Les lecteurs ne seront pas trop fâchés de savoir comme il s'en tira. Très-simplement. Il augmenta les gabelles, octrois et droits de douanes de deux sous par livre, greva l'impôt direct d'un vingtième en sus des deux dont on l'avait déjà surchargé, inventa les gros emprunts et commença la banqueroute... Paris chantait bénévolement :

> Si c'est du Fleury,
> Ce n'est pas du *joli* !

(en attendant la *Carmagnole* et le *Ça ira*). Les parlements de province donnèrent le signal de la résistance. Droz, l'honnête historien de Louis XVI, a dit que « c'est pendant les deux ans de cette administration à la Terray que commença à crouler un gouvernement dont l'impéritie s'accroissait avec ses dangers... »

Après cela, Joly de Fleury, comme Maurepas qui le fit ministre, était un très-agréable conteur d'anecdotes, et quelqu'un qui s'y connaissait, le seigneur de Ferney, Tourney et autres lieux le proclame « *aimable* » homme (à d'Argental, l. 87. 1759).

On arrivait aux affaires en cet *aimable* temps avec de la naissance, de la figure, du monde, des mots. Cela suffira tout à fait un peu plus tard à M. de Soubise pour se faire battre à Rosbach. Mais cela ne suffisait pas à M. de Fleury pour fermer les portes de Bourg à Mandrin.

Revenons à nos ivrognes de conquérants. Ils s'étaient « vantés » dans la journée d'aller faire visite aux caisses de Villefranche et de Mâcon, et étaient partis à la nuit par une route qui, s'ils l'eussent suivie, les eût menés en effet à Mâcon ou à Villefranche.

Ils allèrent coucher à St-Paul-de-Varax. Le lendemain ils arrivèrent à Châtillon-lès-Dombes où Mandrin, « le chapeau et le pistolet à la main, invite le Receveur des gabelles à lui compter 2,500 livres » (Régley). Le 7, il passe la Saône à St-Romain, à quatre lieues au sud de Mâcon. Le coche d'eau descendait. Mandrin tue les chevaux qui le charrient, et le visite, comptant trouver là quelque fermier à rançonner.

A l'arrivée dudit coche à Lyon, les passagers narrent la chose et annoncent la visite imminente de la bande. Cela met la ville « en émotion. On pratique en hâte des coupures sur la route de Mâcon. On met sur pied *les quartiers* qui viennent garder la contrescarpe. » Régley (dans la *Mandrinade*) se gausse desdits quartiers ne plus ne moins que nous de la milice urbaine de notre ville natale. Il dit la bigarrure de sa tenue et de son armement, l'empressement « des diables à quatre de *taffetatiers* à aller à la rencontre d'un ennemi qui ne venait pas, et la liesse avec laquelle ils acceptèrent le soir, en échange de la rencontre furieuse sur laquelle ils avaient compté, une « splendide » ripaille, suivie d'un *trente-et-quarante* animé.

Cependant Mandrin franchit les montagnes du Beaujolais le 8, arrive le 9 à Charlieu, où il écume 4,500 livres chez le Receveur du grenier à sel, et le même jour entre dans Roanne. « Les contrebandiers se rendirent sur la grande place, déchargèrent leurs mulets, extorquèrent d'abord 10,000 livres au Receveur du grenier à blé, puis allèrent à l'Entreposeur du tabac, qui s'enfuit. (Ceux qui avaient le temps se cachaient; on escaladait à cet effet de tous côtés les murs des maisons religieuses. » Régley, 28.) La fille de l'Entreposeur, plus morte que vive, ramassa de porte en porte la somme exigée d'elle. Après avoir palpé, Mandrin se confondit en excuses, ramena la dame chez elle et lui laissa 400 livres de tabac. Il élargit ensuite les prisonniers, consignant le fait sur les registres d'écrou comme il avait fait partout. »

Le 10, il entre à Thiers, en Auvergne, « avec 125 hommes à cheval et 30 à pied escortant un convoi de 98 chevaux de bât, chargés de tabac et d'étoffes. Il trouve là, dans les caisses publiques, 8,040 livres en or. — Le 12, il occupe Ambert et se fait remettre par l'entreposeur mille écus dont il lui donne quittance par-devant notaire. — Marsac, Arlanc, La Chaise-Dieu, sont rançonnés les 13 et 14. — Le 15, à St-Geneix-de-Fix, sa bande est atteinte par quelques troupes lancées sur elle de Clermont, parmi lesquelles des hussards de Lenoncourt, elle les repoussa, paraît-il, car elle put entrer le lendemain sans coup férir au Puy. (Cohendy, *Mém. sur l'administration en Auvergne.*)

L'occupation du Puy est ainsi racontée par Arnaud (Histoire du Velay) :

Mandrin « se présenta d'abord à la porte de l'Entrepôt, rue du Consulat. Le capitaine général des Fermes qui s'y était retranché avec vingt employés, ayant fait faire une décharge de mousqueterie, il s'engagea un combat où il fut blessé ainsi que deux de ses hommes ; douze employés alors lâchèrent pied. Mandrin se rendit maître de la maison tandis que le capitaine général, avec les six employés qui lui restaient, s'échappait de toit en toit par les maisons voisines. Les contrebandiers fouillèrent l'entrepôt et le pillèrent de la cave au grenier, mirent en vente les meilleurs meubles et effets, brûlèrent le reste et exigèrent de quelques particuliers qui avaient leurs grains en dépôt dans les magasins une somme de 600 livres. Ensuite Mandrin força les prisons et y enleva plusieurs prisonniers. »

Il s'enfonce ensuite, contre toute attente, dans le Haut-Velay, par la route qui mène dans les Cévennes protestantes ; mais après avoir atteint Pradelles, Langogne (et pillé leurs débitants), il fait un crochet subit et revient, par le pied du Mézenc, à Tence, St-Didier le 21, St-Bonnet-le-Château le 22 (où il trouve 4,000 livres à glaner) ; reparaît, le 23, à Montbrison, où il récolte 6,012 livres ; entre, le 24, à Roanne et à Charlieu, le 25, à Cluny. Il passe la Saône, le 26, près de Mâcon, et « couche à Pont-de-Vaux, le 26 » (Régley). Il est à St-Trivier-de-Courtes, le 27 (Jugement de Valence). De là il rentre, par St-Amour, Orgelet, Saint-Laurent, les Rousses, le pays de Gex, en Savoie, où il paraît s'être reposé du 29 ou du 30 octobre jusqu'au milieu de décembre. En cette troisième expédition la bande va bien avoir fait 250 lieues.

§ V. — MANDRIN EN BOURGOGNE.

AFFAIRE DE GUNAN.

L'occupation de cités comme Rhodez, Le Puy, Montbrison, Bourg, par une poignée de bandits était un scandale administratif et politique. Enfin, on se décida à Versailles à faire quelque chose pour empêcher que ce scandale recommençât ailleurs. Toutes les habitudes de cette époque étaient dérangées par cette nécessité. Nos armées en campagne prenaient régulièrement leurs quartiers d'hiver ; les opérations militaires étaient ainsi suspendues quatre mois par une trêve tacite ; les officiers et les soldats se dédommageaient par l'oisiveté la plus égayée de leurs fatigues et exploits printaniers. Mais on avait affaire à un ennemi qui, malgré ses prétentions à la politesse, notées ci-dessus aux occasions, ne savait pas vivre. Et l'insatiable et indomptable bandit, alléché par ses succès si prodigieux et si faciles, nullement lassé par des marches qu'on admirerait s'il s'appelait Condé ou Villars, s'apprêtait à refaire campagne. Allait-on donc, en pleine paix, au milieu de décembre, arracher les jolis jeunes colonels d'alors aux loisirs des grasses garnisons de province, aux plaisirs plus délicats de Versailles, pour courir sus à ces brigands malhonnêtes ? — Nous allons voir comment on évita une extrémité si cruelle et qui eût coûté trop de pleurs à des yeux charmants.....

De border la frontière, d'en garder les passes, il n'y fallait pas songer, cela eût trop coûté. Le Roi venait de dépenser une jolie somme pour marier la petite Murfi, dont il avait un enfant, avec un gentilhomme à qui on la donnait pour être des O'Murphy d'Irlande. Et il venait de faire à Trianon, pour la Marquise, un poulailler qui allait à 400,000 livres, un million d'aujourd'hui. (Voir d'Argenson, tomes VII, VIII, IX.) Il fallait se borner.

Après tout, Mandrin ne pouvait guère rentrer que par deux ou trois routes faciles à deviner. En arrière de la frontière menacée, — la frontière de France allait être violée une fois de plus par une centaine de contrebandiers, on s'y résignait; — on choisit un point central, et d'où un corps expéditionnaire, très-mobile, pût se porter rapidement sur le chemin pris par l'étrange envahisseur.

Ce point fut Cuiseaux, petite ville de Bourgogne, sur la route de Bourg à Lons-le-Saunier, à peu près à égale distance de ces deux villes. De là, si Mandrin rentrait par le Bugey, on pouvait l'arrêter à l'issue des gorges, à Poncin ou à Ambérieu; s'il arrivait par Gex, les Dappes et les Rousses, on pouvait l'atteindre au passage de la Loue. On plaça à Cuiseaux un corps franc, composé de grenadiers et de hussards, recruté en Allemagne pendant la dernière guerre et commandé par un officier allemand aussi, Jean-Chrétien Fischer, ayant les ordres les plus précis « de poursuivre sans relâche et d'attaquer les contrebandiers partout où il les rencontrerait. »

Les détails qui vont suivre sont empruntés à un *Mémoire* que cet étranger, dénoncé pour avoir trop bien exécuté ces ordres, adressa au ministre. Fischer en remit une copie à Borjon de Scellery, qui l'imprima à Pont-de-Vaux en 1756, sous ce titre : *Motifs et conduite de M. de Fischer dans l'attaque des contrebandiers à Gunan.*

La résistance que les bandits avaient rencontrée à Nantua, celle qu'ils allaient rencontrer à Beaune sont des faits exceptionnels. La faveur qu'ils trouvaient partout ailleurs nous est démontrée par l'aisance avec laquelle ils se mouvaient des deux côtés de la frontière, par les témoignages de d'Argenson, réitérés à cette date et de plus en plus formels, et par un fait venant des officiers envoyés contre eux : ils avaient des espions qui les avertissaient de nos mouvements ; nous n'en trouvions pas pour nous avertir des leurs. Et la première chose que Fischer fit, ce fut d'aller à Genève se renseigner lui-même sur leurs faits et gestes.

Il sut là, le 10 décembre au soir, qu'ils s'étaient mis en marche « et longeoient les Rousses, montagnes qui séparent la Suisse de la Franche-Comté, il repartit sur-le-champ pour se mettre à la tête de son corps. » Suivons-le.

« En arrivant à Cuiseaux où étoient mes grenadiers et mes hussards, j'appris que les contrebandiers n'avoient pas encore passé (la frontière). Cela me décida à me rendre à Bourg le 16 décembre auprès de M. le baron d'Espagnac qui commande en Bresse et Bugey, sous les ordres de M. le comte de Tavannes, pour conférer avec lui.

» Comme j'arrivois, M. d'Espagnac reçut une lettre de M. de Rochecourt, commandant à Saint-Claude, marquant qu'on assuroit que les contrebandiers avoient pénétré en Franche-Comté au-dessus de Pontarlier. Je repartis à l'instant pour aller coucher à St-Etienne-du-Bois, à deux lieues de Bourg, après être convenu avec M. d'Espagnac que je lui donnerois des nouvelles et que, si les contrebandiers avoient réellement passé, je marcherois partout à leur poursuite.

» Je reçus, le 17, à midi (à Cuiseaux), une lettre du subdélégué de Lons-le-Saunier annonçant qu'ils avoient percé et marchoient du côté de Dôle. Je me mis sur-le-champ à la tête de mes compagnies pour marcher diligemment sur eux. »

Diligemment, c'était le cas. Ce mémoire, écrit par un soldat, bien plus précis que nos autres documents, nous montre quelle était la célérité prodigieuse des contrebandiers. Partis des Rousses dans le Jura, le 15, ils seront le 26 à la Sauvetat, à 150 lieues de là. J'ai vu dans ma jeunesse un homme faisant le métier de Mandrin ; avec un ballot d'étoffes anglaises sur le dos, il franchissait nos trois lignes de douanes dans la nuit (sans se préoccuper des chemins battus) ; il dormait le jour et refaisait la nuit suivante ses douze lieues : c'était un montagnard de la frontière comme les compagnons de Mandrin. Ceux-ci faisaient quinze à dix-huit lieues par jour. Que si leurs montures étaient surmenées, ils les troquaient, sans soulte généralement, contre des chevaux neufs.

Les dieux de l'Iliade vont plus vite encore, mais ce sont des dieux.

L'effectif de la bande était réduit à quatre-vingt-dix hommes, dit Régley : sans doute les soixante autres, recrus, avaient pris leurs quartiers d'hiver. Nonobstant les bandits osèrent défiler sous le canon de Besançon ; ils couchèrent à deux lieues de la place qui ne donna signe de vie. La garnison dormait ou dansait. Le 16, ils échangeaient des coups de feu avec des cavaliers du régiment d'Harcourt près de Dôle (Régley).

Les reitres aussi allaient bien. Leur capitaine nous dit : « J'arrivai le 18 sur la Louve (Loue), à six heures du matin (c'est quatorze lieues que Fischer avait faites là en dix-huit heures). J'appris que les contrebandiers avoient passé le Doubs à Péjeux (Péseux, village à une lieue et demie au-dessous du confluent de la Loue et du Doubs). Je suivis leurs traces et j'arrivai à l'entrée de la nuit à Seurre (six heures de marche), où je me reposai une heure et demie. Je passai la Saône et me rendis à Beaune (le 19). »

Cette ville de huit à neuf mille habitants, close de murs, avait vu les contrebandiers arriver la veille au soir. « Les maire et échevins leur refusèrent les portes ; la milice bourgeoise, en essayant de les défendre, perdit quelques hommes. Les contrebandiers entrèrent avec leurs marchandises. Ils gourmandèrent et menacèrent les magistrats, puis allèrent chez le Receveur des fermes et exigèrent de lui une contribution de 20,000 livres. Ils ont peu débité là de leurs marchandises. » Ce petit récit est de d'Argenson.

Revenons à Fischer. « Les contrebandiers avoient pris la route de Nolay, je m'y rendis promptement et j'y restai deux heures.

» De Nolay je me rendis à Autun où je croyois que les contrebandiers devoient coucher. Je me proposois de les surprendre pendant la nuit au moyen d'intelligences que je m'étois ménagées avec un marchand de cette ville que j'avois rencontré à Nolay. J'entrai dans Autun vers onze heures du soir » (de Seurre à Autun il y a quinze ou seize lieues).

Mandrin était arrivé le matin, conduit par « une troupe de vingt-quatre séminaristes allant recevoir les SS. ordres à Châlon, qu'il força à lui servir de guides. » (Régley.)

Il repartit après avoir enlevé 9,100 livres dans les caisses et avoir « enrôlé sept colporteurs et même *des bourgeois de cette ville...* » (Fischer.)

Ceci est monstrueux. Représentons-nous toutefois ce que c'était que l'apparition des contrebandiers dans nos provinces perdues, dans leurs petites villes sans vie, sans industrie, sans ressources.... Ces deux cents robustes centaures des Alpes dauphinoises, bien montés, bien couverts « de beaux manteaux bleus à parements et doublures rouges, armés jusqu'aux dents ; » se gaussant de messieurs les gens du Roi si redoutables, de leur maréchaussée, des soldats même de Sa Majesté ; buvant du meilleur, payant en beaux écus de six livres tournois ou en doubles louis, caressant les filles ; ouvrant les prisons, élargissant les pauvres débiteurs; passaient comme une vision de force, de liberté, de gloire.... Les gens d'imagination, les petites gens, les pauvres gens étaient fascinés, tentés, séduits....

Mandrin donnait à ses recrues « dix louis d'or d'engagement, trente sous par jour et part au butin. » C'est d'Argenson qui nous l'apprend. Les dix louis en représentent plus de trente d'aujourd'hui.

« Je fis reposer ma troupe jusqu'à quatre heures du matin, dit Fischer. J'étois alors renforcé de quarante dragons du régiment de Bauffremont que m'avoit donnés le marquis d'Espinchal, commandant des troupes que M. le duc de Randan avait détachées à la poursuite des contrebandiers.

» Je partis d'Autun à quatre heures du matin (le 20). Je fus obligé, faute de rencontrer personne qui pût m'indiquer leur route, de suivre la trace de leurs chevaux avec des brandons (des torches) ».

Sans doute, à la fin de décembre, on ne trouve personne sur les routes à quatre heures du matin. Mais dans la ville que Mandrin avait quittée la veille de bonne heure, dans les hameaux qui l'avaient vu passer le soir, Fischer, ce semble, eût trouvé des guides si la population, là aussi, n'avait été complice des contrebandiers.

« Cette trace des chevaux me mena d'abord sur le

chemin de Mont-Cenis (village au sud d'Autun) et ensuite me jeta dans la traverse, dans des bois presque inaccessibles, d'où j'arrivai à une montagne sur la croupe de laquelle est situé le village de Gunan (Guenant, commune de Brion, dans la carte du dépôt de la guerre).

» En approchant, j'aperçus une trentaine de contrebandiers déjà à cheval. Ces gens-là ne cherchoient qu'à m'échapper. Je ne pouvois pas empêcher leur retraite, tout le pays étant coupé de ravins et de chemins creux, en deçà desquels étoient plusieurs maisons qu'ils occupoient.

» Je me déterminai à les attaquer par les raisons que voici :

« . . . Ils faisoient des recrues partout. S'ils n'eussent pas été attaqués avant d'arriver sur la Loire, ils auroient trouvé (en la remontant) du côté du Forez, *deux ou trois cents vauriens* n'attendant que le moment de se joindre à eux. »

Ces dernières lignes mériteraient seules que le *Mémoire* de Fischer fût plus connu. Le fait qu'elles révèlent jette une lueur crue et terrible sur l'état moral de nos provinces au milieu du XVIIIe siècle.

« Des renforts étoient en marche ; mais il auroit fallu quatre heures de marche pour avoir les plus rapprochés (des dragons restés à Autun). Quant à MM. d'Espinchal et de Clamoux (partis de Dijon, ce semble), ils ne pouvoient être, le premier qu'à Nolay, le second entre Nolay et Autun. » Si on les eût attendus, Mandrin aurait gagné du pays, et avec quelle rapidité ! Il va faire dix-sept lieues dans la journée (après sa défaite). Comment le joindre avec des gens harassés, qui ont fait eux-mêmes cinquante lieues en soixante-six heures (du 17 à midi, au matin du 20) ?

« J'eus peine à me décider, j'en conviens. Il n'y a point d'officier qui, à la vue des lieux, eût voulu attaquer ces gens-là avec le peu de monde que j'avois (deux compagnies, une de hussards, une de grenadiers, et les 40 dragons de Bauffremont, en tout peut-être 300 hommes). » La droite du village de Gunan étoit absolument inaccessible, étant couverte d'un rocher à pic. La gauche étoit difficile à tourner, les maisons, de ce côté, étant défendues par des vergers entourés de palissades.

« La considération de ces difficultés m'engagea seulement à mettre *mes propres troupes* à la tête de l'attaque, pour qu'il ne fût pas dit que pour acquérir de la gloire j'avois *sacrifié des sujets nationaux*, dont il n'y a eu *qu'un seul dragon blessé légèrement*... » Le reître fait du dévouement, doublé peut-être d'un peu d'ironie.

» J'envoyai mes hussards, soutenus par les dragons de Bauffremont, tourner le village et couper la retraite aux contrebandiers pendant que j'attaquerois de front, par un ravin presque impraticable, défendu de droite et de gauche par des maisons dont il falloit me rendre maître. Le feu qui en sortoit était si vif et si suivi que je ne pus en prendre plus de trois. Je ne serois jamais venu à bout de déloger ces gens-là, si je n'eusse été mettre le feu à la maison qui m'incommodoit le plus.

» Craignant d'être tous brûlés, les contrebandiers ouvrirent alors les haies qui étoient derrière eux et se retirèrent, non par l'extrémité du village occupée par mes hussards, mais par des ravins aboutissant aux vergers des maisons qu'ils occupoient, et où quatre hommes pouvoient en arrêter cent...

» J'avois sept grenadiers, cinq hussards, deux officiers et un maréchal-des-logis de tués et presque autant de blessés. Il ne me restoit plus que trois coups à tirer par homme.

» J'avois pris quarante-deux chevaux, quarante fusils et pistolets à deux coups, deux des chefs (qui sont dans les prisons d'Autun). Dix contrebandiers ont été brûlés dans ces granges, un plus grand nombre a été sabré dans le village même par mes hussards. Et je me flatte qu'il n'en fût pas réchappé un seul, si le terrain n'eût pas été si favorable à leur retraite. »

En somme, Fischer avoue 15 hommes tués et autant de blessés (sur 300), et veut en avoir tué à Mandrin 25 ou 30 (sur 90).

« Dès que M. de Clamoux fut arrivé, *une heure et demie après l'attaque*, je continuai à poursuivre les contrebandiers... peut-être les aurois-je joints, si l'on ne s'étoit pas *tant pressé de me prévenir*...»

Dans ces derniers mots il y a une récrimination et une insinuation, certainement dirigées contre MM. d'Espinchal et de Clamoux qui, par trop de ménagement pour leurs soldats et pour leurs personnes, eurent le malheur d'arriver trop tard à Gunan, puis crurent devoir à leur honneur « d'accuser Fischer auprès du ministre de n'avoir pas voulu les attendre pour avoir seul la gloire de la victoire... » (Préambule du *Mémoire*.)

Que Fischer ait mis à profiter de la diligence inouïe qu'il avait faite quelque jalousie et quelque vanité, c'est possible, après tout; mais il avait d'autres raisons de presser le dénouement. S'il eût attendu le marquis d'Espinchal, il y a quelqu'un qui ne les eût attendus ni l'un ni l'autre, à savoir Mandrin.

§ VI. — DÉROUTE DE MANDRIN. — LA SAUVETAT.

La plus grande partie de la bande se retirait « en assez bon ordre », si l'on en croit le préambule du *Mémoire*. Le *Mémoire* lui-même, *in fine*, la montre « dispersée ». Il y a du vrai dans les deux assertions.

Mandrin se retirait en « bon ordre » ; mais le jour même de la défaite, prévoyant que les milices urbaines, mises sur pied à son approche, allaient de tous côté courir sus aux vaincus, il « dispersa » ses forces, réduites à soixante et quelques hommes, ou plutôt les divisa en deux colonnes. La principale, conduite par lui, fit une marche forcée de dix-sept heures et mit derrière elle l'Arroux, la Loire et la Bèbre. Elle passa la Loire à Saint-Aubin près de Bourbon-Lancy, atteignit la Bèbre vers La Palisse, se jeta de là dans les monts Forez, chaîne qui sépare le bassin de la Loire de celui de l'Allier.

L'autre colonne qui s'était séparée de la première à St-Aubin remonta la Loire.

L'expédition avait un double but : — le pillage des caisses de Beaune et d'Autun ; il était atteint ; — et le recrutement possible de la bande. Il semble, à voir Mandrin revenir en Auvergne, en Forez pour la troisième fois, que ce second but fût là plus aisé à atteindre qu'ailleurs. L'année précédente il y avait eu en Auvergne un soulèvement causé par la cherté ; les nobles, à la tête de leurs paysans, avaient pillé les greniers des « monopoleurs » (d'Argenson). Il y avait là des mécontents. Il y avait les *deux ou trois cents vauriens* du Forez dont on nous a parlé plus haut avec tant de simplicité.

Qu'il y eût dans cette dernière province, assez pauvre alors, deux ou trois cents individus sans avoir, sans moyens d'en acquérir, peu chargés de scrupules et prêts à la vie d'aventures, ce n'est pas pour nous étonner. Ce qui peut sembler surprenant, c'est que ces pauvres diables « *attendissent* » Mandrin ; c'est encore qu'il le sût et qu'on le sût.

En ouvrant les prisons de Montbrison, en septembre, les contrebandiers avaient-ils dit qu'ils reviendraient et demandé aux prisonniers élargis par eux de leur recruter du monde et de les attendre? Il n'y a rien là que d'admissible. Ce qui l'est moins, c'est que ce recrutement ait été ostensible et cette attente publique. Qu'on attendît Mandrin en Forez et ailleurs pour se joindre à lui, c'est triste. Si l'autorité n'a pu en ignorer, si l'attente était effervescente, apparente dans les attitudes, les regards, les propos, c'est d'une signification lugubre. La défaite de Gunan était venue en temps utile ; sans elle, la bande allait devenir une armée. Et ce qui ramenait une troisième fois le chef audacieux dans cette région centrale de la France, si pauvre, si âpre, c'était cet espoir qui ne fut pas justifié.

En notre temps où l'esprit d'aventure manque, où, quoi qu'il arrive, l'ordre finit toujours par se rétablir., on se demandera peut-être à quelle intention, pour quel but, l'obstiné et courageux partisan travaillait ainsi, et ce qu'il pouvait bien attendre de l'avenir, alors même qu'il se fût assuré, en faisant de nouvelles recrues, du lendemain. Il est difficile de se mettre en pensée, aux lieu et place d'un si étrange héros. Je crois pourtant que ces Samson et ces Hercule s'occupent surtout du jour et jouissent de l'heure, du lendemain n'ayant souci. Ensuite, quand on est lancé sur une pente, qu'on s'appelle Alexandre ou qu'on s'appelle Mandrin, on la suit d'ordinaire jusqu'au bout.

Les 21 et 22 décembre, Mandrin remonta la vallée de la Bèbre, passa les monts Forez vers la source de ce cours d'eau et rentra dans le bassin de la Loire. Le 23, il arrivait à Cervières, à dix lieues au nord-ouest de Montbrison.

Le même jour, « sur un avis reçu à Riom et à Clermont que le nommé Mandrin devait arriver incessamment dans lesdites villes, on y a pris toutes les précautions qui étoient à prendre. On y a fait armer non-seulement la bourgeoisie, mais les troupes en quartier, cavaliers et gendarmes, celles qui y sont en semestre, maréchaussée, gardes, etc. Cette manœuvre a duré jusqu'au 27... » (Man^it^ de l'abbé Tiolier, Bibl. de Clermont.)

Le même jour, un Mandement du maire de la ville de Thiers armait résolûment cent cinquante hommes de garde bourgeoise pour faire accueil aux contrebandiers. Il y avait réaction dans l'opinion, dans les dispositions. C'est l'ordinaire. Des héros battus sont tôt considérés comme de pauvres hères. Qu'est-ce de contrebandiers qui ont eu du pire et sont en déroute?

Mais, de Cervières, les bandits s'acheminèrent vers Noire-Etable. Là ils tuèrent la femme du commis des Fermes qui leur résistait. De Noire-Etable, le maire de Thiers nous montre la bande se dirigeant droit au sud, « par les bois, vers la Chaise-Dieu. » Est-ce dans cette haute et sauvage région, limitrophe de l'Auvergne et du Forez, que les *vauriens* de ce dernier pays lui avaient donné rendez-vous? Il ne paraît pas que ces vauriens aient été exacts; la défaite de Gunan leur avait aussi donné à réfléchir.

Quoi qu'il en soit, Arnaud nous fait voir Mandrin rentrant dans le Velay, traversant contre toute attente du nord au sud ce pays élevé, rude et glacé en cette saison. Où il s'en allait de ce train, on le voit mal; ce qu'on voit très-bien, c'est qu'il s'éloignait de plus en plus de sa retraite habituelle, de la Savoie. Le Puy cette fois était gardé ; il l'évita, et, « par des chemins détournés, » vint prendre une route de lui déjà connue, qui mène directement à Pradelles et à Langogne, puis traverse le massif central des Cévennes, d'où elle redescend vers Alais.

Le 26 au soir, il arriva à la Sauvetat, petit village à six ou sept heures de marche du Puy, bâti sur une coulée de lave descendue jadis des hauts cratères du voisinage. Le plateau incliné qu'il avait gravi tout le jour se relève là brusquement de huit cents mètres. Le bandit harassé remit au lendemain l'escalade ; cela le perdit.

Il nous semble impossible ici de passer outre avant d'avoir cherché une explication à cet itinéraire étrange ; il n'y en a guère de plausibles.

L'idée que Mandrin pouvait aller chercher de ce côté de nouvelles proies doit être écartée la première. La région dans laquelle il s'enfonçait ainsi est pauvre ; il le savait pour l'avoir visitée déjà et rançonnée récemment.

Prenait-il de ce côté parce que les routes qui le ramenaient directement en Savoie étaient gardées et parce que celle-ci qui l'en éloignait ne l'était pas ? Ceci semble plausible, mais souffre objection. Les routes directes n'étaient pas si gardées, puisque tout à l'heure, arrêté dans sa marche, il saura s'en ouvrir une.

Rentrait-il donc chez les Protestants des Cévennes pour y refaire sa troupe harassée et à demi détruite? Il avait traversé leur pays en juin dans sa marche sur Rhodez et Mende, d'Argenson accusait alors « les contrebandiers de leur avoir fourni des armes » (VIII. 134). Or le voilà qui cite une lettre de Lyon, de décembre, disant « qu'ils vont se joindre aux religionnaires » (Id. 399).

On croira ce qu'on voudra de ces assertions inattendues. Il semble difficile de ne pas admettre au moins que Mandrin avait là des rapports tout établis et pouvait espérer y être bien accueilli.

Il pouvait supposer enfin que les troupes qui le pourchassaient et qui étaient « fatiguées » ne le suivraient pas « par le grand froid qu'il faisait » (d'Argenson) dans ces déserts de neige et de glace.

Arnaud nous le fait voir traqué « de l'ordre du Roi par le sieur de Larre, lieutenant-colonel des volontaires de Flandre, à la tête de cent cavaliers et des volontaires du Dauphiné. » Le nom de ce lieutenant est d'Iturbi de Larre et a la physionomie basque. Ses volontaires sont-ils des Flamands autrichiens recrutés pendant notre occupation de leur pays, de 1744 à 1748?

Quoi qu'il en soit, de Larre atteignit les contrebandiers au fond de cette sinistre impasse de la Sauvetat, le 26 décembre dans la nuit. « Plusieurs coups de feu furent échangés. De Larre eut un maréchal-des-logis tué et un cavalier blessé. Les contrebandiers eurent un homme tué, deux chevaux pris et d'autres blessés. Ils profitèrent de l'obscurité de la nuit pour fuir... » (Arnaud.)

Cette surprise avait dû trouver les bandits à bout de forces. Ces hommes de fer avaient fait dans les six derniers mois quelque chose comme huit cents lieues, dont plus de la moitié dans les montagnes. Dans les six derniers jours, ils en avaient fait plus de cent en plein hiver, dans le pays le plus âpre, où il n'y avait, à vrai dire, pas de chemin. Ils combattirent à la Sauvetat plus mollement qu'à Gunan, le chiffre des morts en fait foi.

La défaite démoralisa ces hommes rudes. Davantage la fuite qui suivit à travers une contrée aussi haute, aussi froide que leurs Alpes, plus rude, plus nue, plus déserte et plus désolée d'aspect, couverte au loin de neiges et de glaces épaisses, et dont la population, rançonnée par eux deux mois avant, dut leur refuser les vivres et le gîte et peut-être aider à les traquer.

On nous les montre (d'Argenson) fuyant dans toutes les directions ; des groupes redescendant vers le Bourbonnais, d'autres tirant vers la Loire, d'autres se jetant, pour gagner le Vivarais, dans les plus hautes montagnes des Cévennes, le Gerbier de Joncs et le Mézenc. On ne sait pas au vrai ce qu'est devenu le chef... » (d'Argenson, VIII, 433.)

Le chef, avec quatre ou cinq hommes (Régley), avait échappé à ceux qui le poursuivaient et gagné la rive gauche du Rhône, puis le Dauphiné, son pays. Là, ceux et celles qui, quatre ou cinq ans avant, avaient donné l'hospitalité à Montjoli pour sa bonne mine, ne la refusèrent pas à Mandrin vaincu. Et le fugitif put mettre encore une fois la frontière entre lui et ceux qui le traquaient.

Cependant, la colonne qui s'était séparée de l'autre à St-Aubin le 20, avait remonté vers Roanne et St-Etienne. Le comte de Larochefoucauld-Rochebaron, commandant pour le Roi en Lyonnais, Forez, etc., fit prendre les armes à la milice de cette dernière ville qui comptait alors quelques dix mille habitants. Cent huit dragons du régiment du Roi, commandés par M. de Contar devaient aider à la défense. Enfin les échevins avaient fait fermer les avenues par de larges fossés.

Le 27, la nouvelle que la bande s'en allait en Gévaudan, se répandit, paraît-il, — cela pouvait sembler vrai de la colonne principale qui, la veille, était en effet à la Sauvetat. — M. de Contar, n'y regardant pas de bien près, en prit occasion d'abandonner Saint-Etienne !

Le 29, l'autre colonne (trente hommes en tout !) qui arrivait de Roanne, entrait par une matinée d'affreuse neige, et par plusieurs endroits à la fois. Elle déboucha sans obstacle sur la grande place, y fit prisonnier un poste de milice de vingt-quatre hommes ; puis les bandits allèrent dévaliser, sans être dérangés dans cette opération de finance, M. de Cazes, receveur des gabelles. Ensuite ils gagnèrent Saint-Chamond où on perd leurs traces.

Ce sont eux, j'imagine, que d'Argenson montre, « au nombre d'une trentaine, encore menaçants sur la Saône en février 1755. » « Il fallut, ajoute-t-il, par le froid qu'il fait, mettre en campagne plusieurs compagnies » pour en avoir raison.

Ce récit dernier, le plus étrange de tous, résulte de la comparaison du libellé du *jugement* de Valence, du texte de Régley et des documents recueillis à Saint-Etienne par M. de La Tour-Varan.

*
* *

De l'autre côté de la frontière, on ne sait plus où trouver Mandrin. D'Argenson le fait voir tantôt retiré dans les montagnes de Suisse, tantôt établi dans l'état de Genève avec « soixante » des siens (les soixante qui n'ont pas pris part à l'expédition de décembre?) et attendant le printemps pour recommencer ses courses ; il veut qu'on lui ait envoyé là de Versailles un négociateur pour traiter avec lui (VIII, 442). L'idée qu'il allait rentrer sur le territoire français était répandue partout. A la fin de février (1755) on prétendait « qu'il viendrait sur Paris et essaierait de surprendre les Fermiers-Généraux dans leurs maisons de plaisance » (436). En mars, le bruit courant en Provence et en Dauphiné qu'il arrivait avec deux cents hommes, « on était en alerte et on armait tout» (454). Enfin, au même moment, on voulait qu'il eût essayé de « pénétrer en Lorraine, mais M. de Tressan qui y commande, aurait donné de si bons ordres qu'il n'a pu...! » (441).

Le bandit vaincu tenait encore, de la bauge de Savoie où il était caché, une moitié du royaume de France en haleine.

§ VII. — PRISE, JUGEMENT ET EXÉCUTION DE MANDRIN.

Nous avions, pendant la dernière guerre, introduit un corps espagnol en Savoie, et laissé les Castillans qui ne sont pas bonnes gens malmener l'honnête petit pays pendant six années. On nous en gardait rancune à Chambéry ; on jouissait là de l'étrange humiliation du gouvernement français, obligé de mettre des troupes réglées en campagne contre un bandit. Mandrin avait au sénat de Savoie des protecteurs tacites, fermant les yeux pour ne pas le voir. Il avait mieux que cela, des adhérents et des complices dans les villages de la frontière, à St-Genis-d'Aoste, aux Echelles. Il venait là, depuis trois ou quatre ans, manger joyeusement le produit de ses pillages ; ce pays, fort pauvre, partageait nécessairement ses joies avec lui. On lui ménagea par là un asile dans les montagnes qui bordent la rive droite du Guiers, en face du Pont-de-Beauvoisin, et à environ trois lieues de cette bourgade frontière, au château de Rochefort, près Ste-Marie-d'Alvey. Chose étrange, ce château appartenait à M. de Piolenc, fils du premier président du Parlement de Grenoble. Mandrin y vécut caché jusqu'à la fin de l'hiver. Ses *principaux lieu-*

tenants, échappés comme lui à leur campagne de Moscou, vinrent l'y rejoindre. Vraisemblablement les bandits se préparaient là à recommencer leurs courses au printemps.

D'Argenson nous a parlé d'un prétendu négociateur allant à Genève pour traiter avec Mandrin, il nous répugne de croire à cette ignominie, et nous supposons que ce diplomate était un espion chargé au plus de découvrir le secret de la retraite du bandit. Quoi qu'il en soit, on sut à Versailles que Mandrin se cachait en Savoie, non loin du Pont-de-Beauvoisin. On se hâta alors de garnir la frontière. D'Argenson toujours, parlant des officiers envoyés en décembre contre les bandits, nous dit : « Tous les officiers qui marchent à cette guerre y vont à contre-cœur et ne parlent que de leurs désagréments. » Ceci nous explique peut être pourquoi MM. de Clamoux et d'Espinchal arrivèrent si tard à Gunan — et aussi pourquoi, quand on voulut en finir avec les contrebandiers, on n'eut pas recours aux troupes régulières. C'est un La Morlière, *chef de partisans*, et sous ses ordres ce d'Iturbi de Larre que nous avons vu dispersant les bandits à la Sauvetat avec les volontaires de Flandre, qui furent chargés de border la frontière de Savoie, c'est-à-dire le Guiers ; ils avaient pour cela environ cinq cents hommes.

On voulait évidemment à Versailles se débarrasser par tous les moyens d'une affaire fort humiliante et assez ridicule. Seulement, ce triste gouvernement ne sut échapper au ridicule qu'en tombant dans l'odieux en plein. Il ne lui fallut, pour réussir, pas moins d'une trahison combinée avec une violation du droit des gens.

Cette petite armée réunie si près de lui, au Pont-de-Beauvoisin, aurait dû tenir Mandrin en éveil et le mettre sur ses gardes. Il se crut suffisamment protégé par la frontière, et de plus, se laissa endormir par une Dalila qui vendit le secret de sa retraite. La nuit du 15 mai 1755, la petite armée de *partisans* et de *volontaires* conduite par de Larre, franchit le Guiers qui n'était gardé que par l'écu de Savoie et escalada, par Avressieux, la montagne où le village de Rochefort est placé. Les habitants envahis nuitamment se réfugièrent dans le château qui fut cerné, attaqué et défendu un moment. Mais entre les défenseurs et les assaillants, la disproportion de forces était énorme. Plusieurs Savoyards furent tués (un récit dit treize). Mandrin et neuf de ses lieutenants furent faits prisonniers dans « la grange du curé » où ils s'étaient réfugiés.

Les *partisans* et *volontaires* pillèrent le château et en redescendant mirent à sac les deux villages d'Avressieux et de Saint-Genis-d'Aoste dont les habitants voulaient leur enlever leurs prisonniers. (Pour ce récit, voir d'Argenson, IX, 8, 15, 24.)

Les prisonniers furent mis aux fers et « emportés » à Valence.

Louis XIV avait, dès 1662, créé quatre commissions d'exception chargées de juger souverainement, et en dernier ressort, les procès criminels des contrebandiers, faux-saulniers, etc. L'une siégeait en cette ville. Elle était présidée par Messire Gaspard Levet, sieur de Malaval, et composée de six assesseurs qui vont signer son « jugement souverain, donné en la Chambre criminelle du Présidial. »

Régley a conservé quelque chose de l'interrogatoire de Mandrin. Aux inculpations le concernant, le bandit répondit par des aveux très-nets et très-précis. Aux questions regardant ses complices, il dit que l'honnêteté lui défendait de parler du fait d'autrui. On lui demanda s'il n'avait pas eu des rapports avec les états étrangers. L'opinion que les Anglais se servaient de lui pour envoyer des armes aux Cévénols n'est donc pas particulière à d'Argenson. La réponse « que ses ressources propres lui suffisaient » esquive la négation formelle.

Le 24 mai 1755, Louis Mandrin fut condamné à être appliqué à la question ordinaire et extraordinaire, à faire ensuite amende honorable, nud en chemise, un cierge à la main, puis à être rompu vif, mis sur une roue la face vers le ciel pour y finir ses jours, puis son corps mort à être exposé aux fourches patibulaires.

Un incident diplomatique sembla un moment devoir empêcher le jugement souverain d'aboutir.

Le gouvernement de Turin réclamait énergiquement contre une violation flagrante du droit international, demandant qu'on lui remît les prisonniers et qu'on indemnisât ses nationaux gravement lésés en défendant leur pays contre une agression brutale. Il restait chez nous une chose malhonnête à faire ; on la fit. Louis XV écrivit « de sa main » au roi Charles-Emmanuel III, son oncle, « pour lui faire des excuses de la violation de territoire, disant que cette capture n'avait pas été faite par des troupes, mais par les employés des Fermes, » dont on fit emprisonner quatre « *pour la frime* » à Lyon, à Pierre-Encise. Sa Majesté promettait de plus « que Mandrin *ne serait pas exécuté et qu'on en dépêchait un courrier à Grenoble* ; la date de la lettre est du 20 ; c'est le 26 que ce contrebandier a été exécuté. » (d'Argenson, IX, 23.)

Sur quoi le Secrétaire d'Etat, M. de Rouillé, fit visite à l'ambassadeur sarde, M. de Sartirano, lequel ne voulut entendre à rien. « Les petits rois sont plus susceptibles que les grands, » dit ici l'ex-ministre des affaires étrangères de Louis XV. Le mot est vif. Sartirano prit ses passeports ; à Turin, M. de Chauvelin ne put que faire de même. Pour prévenir une rupture, Louis XV envoya à son oncle « un grand seigneur », M. le comte de Noailles, faire des excuses, offrir aux gens d'Aoste une réparation pécuniaire (elle fut fixée à 35,000 livres), et remettre à la justice sarde deux complices de Mandrin non encore suppliciés, ce qui en finit. « Il y a grande honte... et c'est à effacer de nos fastes, » dit d'Argenson. Oui, avec bien d'autres pages.

Pendant qu'on jouait cette haute comédie où le *Roi des Marmottes* prenait des attitudes assez majestueuses, et où son neveu très-chrétien tenait l'emploi de Scapin ou de Mascarille, « *fourbum imperator* », le tribunal de Valence faisait représenter une tragédie à la mode anglaise, où le sang ruisselait, et dont la moralité était douteuse, les suppliciés y disputant les bravos du parterre au bourreau. Les 15 et 16 de mai, Grand-Joseph et Lapierre, qualifiés valets de Mandrin, furent rompus vifs.

Le 26, ce fut le tour de leur maître. Il n'avait guère que 31 ans. Il avait vécu dix ans de la vie la plus pleine et la plus intense qu'homme de son temps et de sa classe pût rêver. « Il donna une dernière preuve de ses facultés vraiment supérieures à ses juges. Sa contenance fut celle d'un homme qui connaissait le sort qui lui était réservé et ne le redoutait pas. Il entendit sans être ému la sentence qui le condamnait à la roue et y marcha d'un pas ferme. » (Biographie Michaud). Une lettre de Valence à la *Gazette d'Amsterdam* dit que « son intrépidité l'a accompagné sur l'échafaud, » où son attitude a paru « admirable. »

Le 27, Jambon pris à Rochefort avec Mandrin, fut « condamné et exécuté. » — Treize autres condamnations pour les mêmes faits se succédèrent dans le courant de l'année, douze des condamnés furent roués, un pendu. — Enfin, le dernier pris de la bande fut roué en 1760.

La *roue* est un supplice inconnu à l'antiquité ; l'Allemagne a eu la gloire de l'inventer et le roi François Ier l'honneur de l'acclimater en France. Le patient était dépouillé de ses vêtements (ceci était une tradition romaine conservée ; Tacite compte cette nudité parmi les atrocités propres à la Croix, *propria atrocia crucis*). On pouvait voir la chair frémir par avance, on voyait mieux ensuite ce que le bourreau, bien nommé autrefois *charnacier*, en faisait. Il brisait méthodiquement de neuf coups de barre de fer les deux bras du patient, puis les deux cuisses, puis les reins ; après le délai soigneusement stipulé par Messieurs de la Cour, était octroyé le coup de grâce. Ce qui restait après cela de l'image de Dieu demeurait exposé sur la roue autant d'heures que la sentence l'avait ordonné et jugé nécessaire à l'instruction et édification des enfants des écoles placés au premier rang des spectateurs.

On raconte ce détail dernier pour le savoir de quelqu'un qui a assisté, à l'âge de sept ans, à la dernière tragédie de cette espèce, donnée sur la place du Morimont, à Dijon, par le Parlement de Bourgogne.

Il a été dit des Français de la fin du XVIIIe siècle qu'ils étaient des singes-tigres. Ce qui en faisait des singes, c'est l'éducation de la cour et des salons ; ce qui en faisait des tigres, ce sont ces spectacles-là.

***

Né cent ans plus tôt, Mandrin eût mené au combat les révoltés d'Aunis ou de Bretagne. Au XIVe siècle, il eût commandé les Jacques de l'Ile-de-France. Au XIe, il eût commandé ces bourgeois du Mans qui ont inventé la commune.

Est-ce que vraiment, dans la France de 1754, il n'y avait pas pour lui d'autre vie et d'autre mort que celles qu'on vient d'entrevoir ? — Ce n'est pas l'opinion du plus considérable parmi ses contemporains. Voltaire, s'installant cette année précisément aux Délices, a craint un instant la visite du contrebandier et conte qu'il s'y prépara en armant toute sa maison, y compris son théologien ordinaire, ce père Adam, « qui n'était pas le premier homme du monde. » Plus tard, il a déclaré Mandrin « le plus magnanime des contrebandiers, » et a regretté qu'on ne l'ait pas employé « à peupler le Canada, » à quoi il eût réussi.

Peut-être par surcroît eût-il défendu l'admirable colonie contre les Anglais. Cette supposition paraîtra aventureuse. Les contemporains en ont risqué une beaucoup plus grosse. Pendant le procès de Valence, celui qui commandait notre réserve à Fontenoy et qui prit Berg-op-Zoom d'assaut, le maréchal de Lowendahl se mourait. On fit courir une lettre de lui à Louis XV « conseillant de ne pas faire *expédier* Mandrin qu'on n'ait vu s'il y aura guerre, *parce qu'il n'y a que lui qui puisse le remplacer...* »

D'Argenson ne garantit pas l'authenticité de la lettre; nous non plus. Il croit l'anecdote bonne à enregistrer ; nous aussi.

Il allait y avoir la guerre *de Sept ans*. Et on allait donner le commandement à ce Soubise qui emmena avec lui, à Rosbach, derrière son armée, douze mille chariots de marchands et de vivandiers ; puis au seul prince du sang qui fût homme de guerre : c'était Louis de Bourbon-Condé, comte de Clermont, Grand-Maître des Francs-

Maçons, abbé du Bec, de St-Claude, de Marmoutiers et de St-Germain-des-Prés, plus connu dans les coulisses que dans les camps, qui perdra la bataille de Creveld avec une armée supérieure en nombre, dont les trois-quarts ne tirèrent pas un coup de fusil.

Dans la précédente guerre, nous avions dû nos derniers succès militaires au saxon Maurice, au danois Lowendahl; c'est un recruteur allemand qui avait battu Mandrin. « La nation, disait d'Argenson, est plongée dans la mollesse. Les vieux officiers ont quitté. Les jeunes se poudrent; ce sont des femmes auxquelles il ne manque que des cornettes. » (T. 1, p. 338.) Notre patrie énervée n'avait plus ni généraux ni soldats. Elle rouait vif ce jeune homme qui eût fait un soldat, ce semble....

Le jugement était régulier d'ailleurs; la peine légale. En 1757, on tira Damiens à quatre chevaux fort régulièrement aussi pour avoir donné un coup de canif à Louis XV, l'oint de Dieu. En 1766, on brûla fort légalement le chevalier de la Barre pour avoir mutilé un crucifix. Ces crimes montraient à cette société en quoi elle était menacée; elle comptait sur l'atrocité de leur répresssion pour se défendre et se sauver; elle se trompait. Elle était perdue par son fait à coup sûr, par les fautes, par les désordres, par les vices dont quelques-uns viennent de nous apparaître de façon inattendue.

§ VIII. POURQUOI CES FAITS ONT ÉTÉ POSSIBLES.

Les événements exposés ici avec un peu plus de précision qu'on n'avait fait jusque-là, sont minces en eux-mêmes. Ils sont fort particuliers, comme on eût dit dans la langue du XVIIe siècle. Pourquoi n'ont-ils été possibles à aucun autre moment de notre histoire?

Les mots de décadence, de décrépitude ne seraient pas des réponses. Le temps qui a vu les Grandes Compagnies était, certes ! la décadence même. Or, nous l'avons lu dans un beau récit d'hier; notre pauvre province sans cohésion naturelle, sans pouvoir central véritable, put cependant résister à ces hordes autrement nombreuses, autrement terribles.

Les causes de l'énervement total, de l'incapacité et de l'incurie absolues, qui livrent en 1754 dix villes de six à dix mille habitants à cent cinquante brigands sont :

Une habitude que la monarchie absolue, défiante parce qu'elle se sent peu aimée, jalouse de tout parce qu'elle a tout usurpé, nous avait imposée depuis deux siècles, c'est à savoir de nous en remettre à elle du soin de nous défendre...

L'impossibilité où elle nous avait mis de vaquer nous-mêmes à cette défense le cas échéant et à son défaut, en confisquant malhonnêtement sous Louis XIV les libertés municipales, achetées au moyen âge de nos deniers, et qui ne nous sont pas rendues encore.

Enfin l'imbécillité de plus en plus profonde où elle tombait depuis soixante et dix ans. La gérontocratie est le vrai gouvernement de France à la fin du XVIIe siècle et au début du XVIIIe. Mais nous tombons, après la mort du cardinal Fleury, dans la *gynocratie*, le gouvernement des femmes, gouvernement moins décent, plus prodigue, plus remuant, remuant sans but et sans profit ; très-occupé de petites choses, très-insouciant des grandes; hypocrite ou fanatique quand la souveraine s'appelle Mme de Maintenon, dépravé quand elle s'appelle la Parabère ou la

Dubarry, hypocrite et dépravé à la fois quand elle s'appelle Mme de Prie; incapable de suite sauf dans l'incurie, le caprice et le désordre; l'anarchie même le jour où la routine sera déconcertée et l'étiquette jetée par-dessus les moulins...

Le héros Frédéric II, qui eut quelques-unes des qualités du héros Mandrin et quelques vices qu'on ne reproche pas au bandit, a déjà, en son antipathie pour le sexe, précisé d'un mot brutal comme il lui appartenait, ce caractère de l'institution monarchique sous son frère très-chrétien. Le Roi chasse, la sultane favorite règne. Sa Majesté a donné ordre aux ministres « *de travailler chez elle.* » Là-dessus, tout ce que d'Argenson trouve à dire, c'est « qu'il vaut mieux voir au gouvernail une belle nymphe debout qu'un vilain singe accroupi comme était feu le cardinal de Fleury » (VIII, 136).

Celle qu'à Sans-Souci on appelait Cotillon II, Antoinette Poisson, marquise de Pompadour, fut, de cette dynastie féminine qui nous a gouvernés cinquante ans, la plus capable assurément. Elle avait toutes les grâces, de l'esprit infiniment, mais non le cœur d'Agnès Sorel. Ni elle, ni celles qui lui succédèrent à titres différents, n'ont compris jamais que régner implique des devoirs et que les affaires de la France importent plus que les intrigues des *Petits-Cabinets*. Que si Mme de Pompadour fait aujourd'hui Voltaire gentilhomme de la Chambre et protége l'Encyclopédie, puis demain « parle dévotion, entend la messe tous les jours et mange maigre », ce ne sont pas là « caprices de chatte blanche », comme d'Argenson le donne à penser. Vous ne supposez pas non plus que l'intérêt de l'Etat y soit pour rien. Non, le plus féminin de tous les intérêts y est pour le tout. Si elle chasse les Jésuites, les méfaits à eux reprochés sont le prétexte, la cause est un scrupule honnête du confesseur de Louis XV ; (quelle tâche pour un prêtre honnête !) Elle congédie Machault, comme une autre congédiera Turgot, d'un coup d'éventail ; ces grigous défendent le trésor contre des gaspillages tout charmants ; ces pédants parlent de réformes ; cela se peut-il supporter ! — Que si, en sept ou huit de nos provinces, la sécurité, la fortune, la vie des particuliers étaient remises à la *magnanimité* de Mandrin, à Paris tout allait mieux : Nicolas-René Berryer, lieutenant de police, faisait ramasser dans les boues les mendiants, les vagabonds et les filles, et les envoyait peupler la Louisiane : en 1755, il y eut bien quelques *erreurs* de faites et le faubourg s'ameuta. Le bien est difficile ! — Quant aux affaires étrangères, elles étaient menées par un « *chiffonnage* de femmes », à ce que conte d'Argenson (IX. 202). Ceci veut dire que Marie-Thérèse appelant Antoinette Poisson « ma cousine, » on lui rendra la Belgique conquise par le maréchal de Saxe, et presque annexée... Il n'y a jamais eu de cousinage et de chiffonnage payés si cher.

On protége, on cultive les arts ; Marie Leczinska, reine de France, peignant, sa dame du palais, Mme de Pompadour, se mettra à graver ; mais on laissera réduire notre flotte à deux vaisseaux. On sent le besoin de refaire nos états-majors, à cette fin on fondera l'Ecole militaire ; mais nos troupes régulières lancées sur la bande de Mandrin arriveront juste à temps pour la voir battre par les reîtres de Fischer et préluderont ainsi aux piteuses journées de Rosbach et de Creveld. — On veut encourager l'industrie et en particulier *le bâtiment*, on construira Bellevue où la favorite dépensera « sept millions » (d'Argenson VI, 251) ; mais la misère matérielle et la misère morale en viennent, sous son règne, à ce point, que non-seulement pour les *vauriens* du Forez, mais encore pour les bourgeois de la bonne ville d'Autun, c'est un parti à prendre, une carrière possible, un avenir que de s'enrôler dans une bande de voleurs ! — Nous allions perdre un empire dans l'Inde, perdre ce beau Canada qui méritait le nom de Nouvelle-France; mais nous fournissions déjà l'Europe et l'Asie de perruquiers, de cuisiniers, de brodeurs, de danseurs... Nous leur fournirions aujourd'hui indubitablement des maîtres de chapelle et des castrats, si 89 nous avait manqué.

Mirabeau était né, il avait cinq ans. Des hommes remplacèrent ces femmes au pouvoir. Ils imprimèrent le mouvement qui a renversé la vieille Europe, et qui continue. Nous avons eu, pendant les quatre-vingts ans de ce nouveau régime, bien des succès inouïs, bien d'écrasants revers. Nous sommes sous le coup de ces revers. Pourtant, si on demandait à la France de rétrograder d'un siècle, de revenir à cet état de marasme, d'érétisme et de démence séniles qu'on vient d'entrevoir, elle refuserait avec épouvante et dégoût. Sans doute l'heure présente lui semble dure à traverser, bien dénuée d'espérances. Les enfants qui balbutient, ceux qui sont nés hier et ce matin, lui referont un avenir, si ceux à qui nous avons livré nos destinées n'y réussissent pas.

Bourg, imprimerie Ad. Dufour.

www.ingramcontent.com/pod-product-compliance
Ingram Content Group UK Ltd.
Pitfield, Milton Keynes, MK11 3LW, UK
UKHW020323220726
13923UKWH00003B/1328

9 782019 324254